Erika Pöschl

Lucy
und der Feind im Licht

Erzählung aus der Zeit des Zweiten Weltkrieges und den ersten Jahren danach

PÖSCHL-VERLAG

Umschlaggestaltung: Erika Pöschl
Titelbild: Jennifer

Alleiniger Vertrieb bei Pöschl,
6105 Ober-Ramstadt, Im Gründchen 10, Telefon 06154-3739 und 3743

Satz, Lithos, Druck: Druckerei Groer+Möhler GmbH, 6145 Lindenfels-Kolmbach
Verarbeitung: Buchbinderei Georg Kränkl, 6148 Heppenheim

ISBN 3-925133-05-4

Unseren Kindern
und Kindeskindern:
Ulrike und Karin,
Jan und Jasmin,
Jennifer und Marc!

INHALTSVERZEICHNIS

Alle mit * bezeichneten Begriffe sind im Anhang erläutert.

Vorwort

Die Handlung der Erzählung „Lucy und der Feind im Licht" bezieht sich auf die Kriegs- und Nachkriegsjahre des Zweiten Weltkrieges. Diese Zeit hat im besonderen Maße unsere Heimat geformt.

Heimat ist überall dort wo man sich wohl fühlt, sagt ein Sprichwort. Sich wohl fühlen bedeutet ein wenig Nestwärme, also Geborgenheit. Möglicherweise lassen sich diese Grundbedürfnisse in einer dörflichen Gemeinschaft finden; einen Vorteil, den viele Menschen in den schlimmen Kriegs- und Nachkriegsjahren nicht erfahren konnten. Besonders die Heimatvertriebenen, die Ausgebombten und Obdachlosen haben Schweres durchmachen müssen. Nicht immer klappten die zwischenmenschlichen Verständigungen. Zu sehr geprägt waren vorhandene Feindbilder, welche vom Hitlerregime übernommen und systematisch verschärft worden sind. (Das menschenverachtende Rassegesetz von Adolf Hitler, nachzulesen im Anhang).

Auswirkungen der damaligen Feindbilder werden oft heute noch sichtbar. Möge mein Buch „Lucy und der Feind im Licht" dazu beitragen, das selbstkritische Bewußtsein der Jugend wachzuhalten. Schlimmes kann sich wiederholen, wenn wir, die wir diese Kriegs- und Nachkriegszeit erlebt haben, auch noch die Erinnerungen daran verdrängen. Damals wie heute: Immer sind es die „Umstände", die „man" für rein menschliches Versagen verantwortlich machen kann. Auch im dörflichen Milieu ist Ausgeschlossensein möglich!

Not, Elend und eingebleute Feindbilder sind nicht spezifisch für den Odenwälder Raum. Solche Erscheinungen waren allgemein in ganz Deutschland vorhanden. Aus diesem Grunde habe ich im Handlungsablauf keinen Ortsnamen des Dorfes gewählt, obwohl ich das Umfeld des Geschehens im Gersprenztal angesiedelt habe. Die vorkommenden Personennamen sind alle rein zufällig. Sie sind der damaligen Zeit entsprechend, ortsüblich und der dörflichen Atmosphäre wegen so ausgesucht. Der chronologische Ablauf der Handlung ist frei erfunden, die Dokumentation des Hintergrundes dagegen nicht.

An dieser Stelle möchte ich mich ganz herzlich für zur Verfügung gestelltes Dokumentationsmaterial bedanken bei: „Darmstädter Echo", Darmstadt, Stars and Stripes, Griesheim, Herrn Georg Dascher, Ober-Kainsbach, Herrn Ernst Hieronymus, Beerfurth und Herrn Karl Wenchel, Messel.

Jede Zeit hat ihr Gutes und ihr Schlechtes. Was wir daraus machen ist unsere Sache. Um zu wissen, wie es einmal war, wie Feindbilder entstehen und weitergetragen werden können, soll die Geschichte des Mädchens Lucy aufzeigen. Besonders jungen Menschen ist die Erzählung gewidmet, denn besonders sie sind auf der Suche nach der eigenen Identität. Zum Glück sind sie heutzutags aufgeschlossener und freier, als wir es damals sein konnten. Und sie haben ein kostbares Gut, welches wir verdrängt und verboten bekamen, nämlich, die Möglichkeit der eigenen Meinungsbildung und Meinungsäußerung! Möge dies immer so bleiben!

ERIKA PÖSCHL

Ober-Ramstadt/Rohrbach, den 21. September 1991

Das Dornröschenspiel

„Ich bin jetzt dran! Ich bin Dornröschen", schrie das Mädchen Lucy und drängelte sich in die Mitte des Kreises. Die Kinder hatten sich an den Händen gefaßt und liefen langsam im Kreis, während sie sangen: „Dornröschen war ein schönes Kind, schönes Kind, Dornröschen war ein schönes Kind, schönes Kind." Lucy hockte nun in der Mitte des Kreises, ein glückliches Lächeln im geröteten Gesicht. Und weiter ging das Lied der Kinder: „Da ging die Türe lingelangeling, lingelangeling, da ging die Türe lingelangeling, lingelangeling." Ein Kind löste sich aus dem Kreis und stellte sich mit erhobenen, gekreuzten Armen hinter das kauernde „Dornröschen". Mit dunkler Stimme sang es langsam den beschwörenden Singsang: „Dornröschen du sollst sterben, sterben, Dornröschen du sollst sterben, sterben."

Das Lächeln in Lucys Gesicht war auf einmal verschwunden. Aufmerksam beobachtete sie das ernste Treiben ihrer Spielgefährtin. Sie spürte ein prickelndes Grauen im Nacken, dort, wo die Hände der bösen Fee fast ihr aufgelöstes Haar berührten. Die böse Fee! Da stand hinter ihr nun nicht mehr ihre Spielkameradin, die Lina, die sonst neben ihr auf der Schulbank saß, nein, dieses dunkle, ernste Gesicht unter den langen, schwarzen Zöpfen, das war die böse Fee, die nun gefährlich nahe und körperhaft neben ihr stand. Das fühlte Lucy!

Das Spiel der Kinder nahm seinen üblichen Lauf. Sie sangen: „Da ging die Türe lingelangeling, lingelangeling, lingelangeling, da ging die Türe lingelangeling, lingeling. Da kam die gute Fee herein, Fee herein, Fee her – – –". Ein schriller Pfiff durchbrach den Zauber des Kinderspieles. Die Zeit der großen Pause war verflossen. Die Lehrerin mahnte zum Unterricht. Enttäuscht, aber gehorsam stellten sich die Kinder in Zweierreihen und marschierten in den Klassenraum. Lucy rief ihren Kameradinnen leise zu: „Die gute Fee, jetzt wäre die gute Fee gekommen! Ich will, daß die gute Fee mir etwas wünscht! Nicht nur sterben, wie die böse Fee gesagt hat – vielleicht nachher. – In der kleinen Pause könnten wir die gute Fee kommen lassen – –? Und ich bin noch einmal Dornröschen!"

Als endlich die kleine Pause gekommen war, wollte Lucy wieder Dornröschen spielen und mit der guten Fee das Spiel von vorhin fortsetzen. Die Lina rief nun mit den vollen Backen ihres Pausenbrotes: „Wir spielen aber nicht ‚Dornröschen', wir spielen nämlich ‚Wer packts', wie die

Buben das spielen. Jawohl, was die Buben können, das können wir nämlich auch. Achtung, alles an den Händen halten! Fest!" Die Mädchen nahmen sich an den Händen und Lucy wußte, daß sie dran war, in die Mitte zu gehen, um den Durchlauf zu „packen". Alle Kinder hielten sich eisern aneinander fest, eine lebendige Kette. Und Lucy sollte mit allen Kräften eine Stelle durchbrechen, um aus diesem Kreis herauszukommen. Lucy war wütend. Das half ihr mächtig. Sie nahm einen Anlauf und rannte wild auf die Kinderarme zu, um die Kette zu durchtrennen. Etwas war nicht in Ordnung. Kein bißchen Widerstand wurde gegeben. Es war Täuschung. Lucy rannte mit voller Kraft durch die Kette, die sich auflöste wie ein schwacher Wollfaden. Sie prallte mit voller Wucht mit dem Gesicht in den aufgeschichteten Holzstoß der Lehrerin und blieb regungslos liegen.

Der französische Lui

Lucy mußte tagelang das Bett hüten, ob sie wollte oder nicht. Der Kopf tat ihr sehr weh, wenn sie ihn auch nur ein kleines bißchen bewegen wollte. Ihre Mutter saß am Bett und tröstete sie, weil sie immer wieder nach den Schulkameradinnen fragte. Es kam aber niemand, um Lucy zu besuchen. Niemand von den Mädchen! Aber der französische Lui kam. Das war ein Kriegsgefangener, der beim Birkenbauer arbeiten mußte. Er war ganz heimlich gekommen, denn er stand ja normalerweise unter der Aufsicht des Birkenbauern. Alle Kriegsgefangenen mußten ständig beaufsichtigt werden. Sie durften sich nicht vom Hof oder vom Feld entfernen, auf dem sie arbeiteten. Abends mußten sie in einer bestimmten Baracke schlafen und wurden dabei noch von deutschen Soldaten mit Gewehren bewacht. Sie durften zum Beispiel auch nicht am großen Tisch der Bauernfamilie essen. Normalerweise mußten sie ganz alleine in der Ecke sitzen und bekamen da ihr Essen vorgesetzt.
Der Birkenbauer war aber ein guter Mensch. Lucy hatte schon gesehen, daß der Lui am großen Familientisch mitessen durfte. Nur, wenn fremde Menschen auf dem Hof waren oder gar der Ortsbauernführer von weitem nur sichtbar wurde, dann winkte er. Der Lui nahm dann seinen Teller vom großen Tisch und setzte sich schnell an den kleinen „Katzentisch" in die Ecke.
Zum Glück war die Edith nicht mehr da! Die Edith war eine Arbeitsmaid*, die eine ganze Zeitlang beim Birkenbauern als Arbeitskraft eingeteilt war.

So eine Arbeitsmaid gehörte zum Reichsarbeitsdienst* und hatte die Pflicht, der Bäuerin in Haus und Hof zu helfen. Die Edith nahm ihre Pflichten sehr ernst. Sie war nicht nur eine gute Arbeitskraft, sie richtete sich auch streng nach den Vorschriften des Führers Adolf Hitler. Deshalb mußte der französische Lui alleine am „Katzentisch" essen. Sonst wäre der Birkenbauer glatt von ihr angezeigt worden.

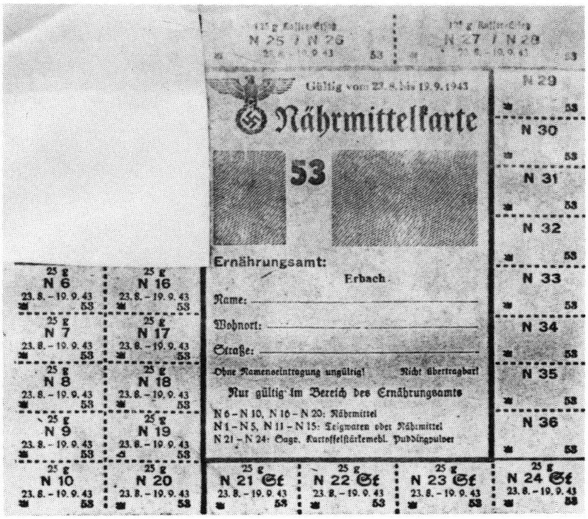

Der französische Lui setzte sich also ans Bett, strich der Lucy ganz sanft über das zerschundene Gesicht und holte schließlich ein Butterbrot unter seiner Jacke hervor. Das legte er auf das Nachtschränkchen und sagte: „Für dich – ich aben keine Unger – ich aben Bauchweh". Dabei lachte er und blinzelte mit den Augen, so daß Lucy auch lachen mußte.

Warum Lucy viele Väter hat

Lucy ging wieder zur Schule, als sie kein Kopfweh mehr hatte. Sie fragte die Lina: „Warum habt ihr das getan? Ich habe euch nicht verraten. Ich weiß, daß ihr das extra gemacht habt! Soll ich vielleicht kein Dornröschen sein? Ist es deswegen?"
Zur Lina gesellten sich noch die anderen Mädchen. Da wurde die Lina ganz stark und verkündete:
„Wir dürfen nicht mit dir spielen!"
„Warum?" fragte Lucy fassungslos.
„Weil du ein schlechtes Mensch bist", verriet die Lina.
„Und weil du nämlich keinen Vater hast", ergänzt die Dina.
„Ich? Keinen Vater?" empörte sich Lucy. Sie krempelte die Ärmel hoch, streckte ihre Hand aus und zählte an den Fingern ab: „Erstens habe ich den Vater, das ist der Helmut, der wo doch der Mama ihr Freund ist, zweitens, mein richtiger Vater, der wo im Krieg gefallen ist, jawohl, im Krieg, da ist er irgendwo hingefallen, so daß er sich totgefallen hat dabei, und da konnte er ja wohl nicht wieder zurückkommen, und drittens ist da noch der Herr Pfarrer, der wo auch noch mein Vater ist –!"
Die Kinder lauschten mit ernstem Gesicht Lucys Verteidigung. Nun fragte die Lina schon wieder: „Der Herr Pfarrer? Wie kommst du denn da drauf?" „Doch, der Herr Pfarrer", kam es trotzig von Lucy, „der Herr Pfarrer hat nämlich neulich im Religionsunterricht gesagt, wir wären alle seine Kinder! Also ist er unser Vater! Genau wie der liebe Gott im Himmel unser Vater ist. Das sagt nämlich auch unser Herr Pfarrer! Oder wollt ihr etwa behaupten, daß unser Herr Pfarrer lügt?"
Das wollte nun niemand behaupten, aber die Irmtraut stichelte weiter: „Und außerdem ist da noch etwas –! Wir wissen nämlich, daß du noch nicht einmal eine richtige Mutter hast –! Jawohl –! Keinen Vater und keine Mutter –!" Jedes von den Mädchen wußte da etwas hinzuzufügen:
„Du bist nur angenommen!"
„Ein angenommenes Kind!"

„Keine richtigen Eltern.“
„Man weiß nie, was in solchen Kindern steckt.“
„Gott weiß, wie schlecht die sind!“
Lucy wurde es richtig übel. Sie japste gerade noch:
„Keinen Vater? Keine richtige Mutter? Nur angenommen? Ihr spinnt wohl! Das glaube ich euch nicht! Ihr seid gemein!“
Sie erinnerte sich plötzlich an das Dornröschenspiel. An die schwarze Fee. Dieses unangenehme, angsteinflößende Gefühl der Bedrohung, welches von der gespielten Figur ausging. Das gleiche Gefühl hatte jedesmal von ihr Besitz ergriffen, wenn eine bestimmte, schwarzhaarige Frau daheim zu Besuch war. Sie kam oft, diese Frau. Aber jedesmal, wenn sie auch nur ein paar Sekunden mit ihr allein gewesen war, dann hatte sie ihr die gleichen Sätze zugeflüstert, nämlich: „Lucy, ich bin deine richtige Mutter! Vergiß das nie!“
Lucy erinnerte sich außerdem, daß sie diese Worte nie ernst genommen hatte. Sie hatte sie für einen merkwürdigen Scherz gehalten. Später hatte sie es dann wieder vergessen. Und nun stand diese Erinnerung ganz deutlich vor ihr. Sie dachte daran, wie sie es immer eilig gehabt hatte, aus der Nähe dieser fremden Frau zu kommen. Sollte das etwa doch ihre richtige Mutter sein? Und warum hatte man das ihr nicht gesagt? Die Frau, die für sie seither die Mutter war, wer war das? O Gott, lieber Gott, mach doch, daß das meine Mutter bleibt, wie seither! Ich habe sie doch lieb! Und ich habe doch immer Mutter Elisabeth oder Mama zu ihr gesagt!
Lucy stöhnte. Sie sah über sich die Gesichter ihrer Schulkameradinnen gebeugt. Die Köpfe schienen sich zu verzerren. Sie verdeckten schließlich sogar den Himmel. Sie sah Nasenspitzen, Zopfspangen, Schürzenzipfel und Augenpaare. Empörte Augen! Vorwurfsvolle Augen! Zornige Augen! Lucy wollte nichts mehr sehen. Sie wälzte sich auf den Bauch und hielt die Arme schützend über ihren Kopf. Ihre Gedanken jagten verzweifelt nach einer Wahrheit. Sie stellte sich Fragen und gab sich Antworten. Mama – warum hast du mir nicht gesagt, daß du nicht meine Mutter bist? Vielleicht, um zu verheimlichen, daß ich eine Schlechte bin? Was habe ich nur getan? Wahrscheinlich bin ich von Geburt an schlecht. So wird man schon geboren! Ist es so? Ich muß sie fragen und sie muß es mir sagen. Schließlich habe ich einen anderen Nachnamen wie sie. Das ist bei den anderen Kindern nicht so. Da hat die ganze Familie den gleichen Nachnamen.

Das ist der Beweis! Mein Name ist der Beweis dafür, daß ich wirklich ein angenommenes Kind bin! Schließlich heißt meine Mama Elisabeth Rath und ich heiße Lucy Treppir. Ich hätte es schon längst merken müssen. Sie ist gar nicht meine richtige Mutter, o Gott!
Immer noch standen die Mädchen über ihr. Sie wollte aufstehen. Sie konnte nicht. Sie war erschöpft, aber ihre Gedanken wurden klarer. Sie erinnerte sich, daß da noch eine Frau war, welche manchmal zu Besuch kam. Und diese Frau war mindestens ebenso merkwürdig wie diese andere Person, die ihr immer das Unglaubliche zuflüsterte. Auch sie hatte dunkle Haare und ein strenges Gesicht. Das auffallendste an ihr aber war die Kleidung. Sie hatte immer das gleiche braune Kleid an, welches in vielen Falten gelegt, fast ganz ihre dünnen Beine bedeckte. Ihre Füße liefen stark auswärts, so daß sich Lucy immer wunderte, wie sie überhaupt vom Platz kam. Auf dem Kopf trug sie auf streng gescheiteltem Haar, eine merkwürdige braune Haube mit einem ebenso braunen Schleier daran, der immer hinter ihr her wedelte.
Lucy erinnerte sich an ihre spröde Stimme. Sie hörte sie schnarren: „Ich bin die Fürsorgeschwester. Ich will nur sehen, ob es dir gut geht. Mund auf –! Mund zu –! Hände zeigen! Umdrehen! Bücken! Aufstehen! Bist du gewachsen? Tatsächlich? Einen ganzen Zentimeter? Bißchen klein, was? Sonst alles normal?" Der letzte Satz war an meine Mutter gerichtet, dachte sie, meine Mutter – ich meine die Frau, die seither immer meine Mutter war. Die mich so belogen hat. Jedenfalls, meine Mutter oder wer auch immer das sein mag – die hat da genickt, erinnerte sie sich.
Die Mädchen hatten Ausdauer. Sie standen um Lucy herum, nun ein wenig verlegen. Sie suchten immer noch nach Gründen, warum sie Lucy ein für alle Mal aus der Gemeinschaft ausschließen wollten. Jedes Mädchen hatte eine Idee. Und alle zu ungunsten Lucys:
„Außerdem seid ihr nicht mal vom Ort hier!"
„Ihr habt das Haus geerbt! Von eurem Großonkel oder so etwas ähnlichem!"
„Ihr seid ja aus der Stadt!"
„Ja, Städter seid ihr, aus Darmstadt. Ihr gehört überhaupt nicht zu uns."
„Wir sollen also deshalb nicht mit dir spielen – hauptsächlich, weil wir sonst auch schlecht werden könnten."
„Auf jeden Fall bist du ein schlechtes, schmutziges Mensch, weil meine Mutter das gesagt hat. Und die Mutter von der Lina hat das auch gesagt. Da wird es auch stimmen. Basta –!"

Da spürte Lucy plötzlich, wie Zorn in ihr hochstieg. Er kam gekrochen, ganz langsam und stetig und verhalf ihr zu einer klaren Selbsterkenntnis. Eines wußte sie nun ganz genau:
Wenn ich schon keinen Vater habe und vielleicht auch keine Mutter, keine richtige, so bin ich aber bestimmt keine Schlechte. Ich habe niemand etwas zu leide getan. Ich habe nicht gestohlen und gewaschen habe ich mich auch. Also bin ich nicht schlecht. Plötzlich schrie sie voller Zorn: „Ich bin nicht schlecht! Und ich bin ganz frisch angezogen. Meine Schürze ist noch ganz neu und noch blitzeweiß. Nur ein kleines Rißchen ist hier in der Ecke. Das habe ich mit schönem rotem Stickgarn zugenäht. Seht ihr? Sieht gut aus, gäll?"
Eines der Mädchen kam nach vorne und sagte lachend: „Wie zornig du bist! Und so was will Dornröschen sein –! Ha, du bist ja ein richtiges Zornröschen!"
Alle Mädchen riefen nun: „Zornröschen, Zornröschen, Zornröschen –"
Lucy war verzweifelt.

Haben die Erwachsenen immer recht?

Lucy schrie noch lauter: „Also, was wäre denn an mir schlecht?" „Wenn es die Erwachsenen sagen, daß du schlecht bist, dann wird's schon stimmen; die Erwachsenen haben doch immer recht! Oder?" wußte die Dina. Lucy schrie immer noch: „Ich heiße Lucy und ich habe mich heute morgen sogar bis hinter die Ohren gewaschen, weil mich die Geiß abgeleckt hat. Sonst wasche ich mich vielleicht nicht ganz so tüchtig jeden Morgen. Aber heute, beim Füttern, hat mich die Geiß abgeleckt, wie ich mich zu ihr hinunter gebückt habe. Und deswegen habe ich mir den Hals noch einmal gewaschen. Nicht schmutzig, nicht schlecht bin ich, nur etwas jünger bin ich als ihr! Aber nächstes Jahr werde ich schon zehn. Und ich kann noch viel lernen, bestimmt!
Und einen Vater habe ich sowieso – und eine Mutter habe ich auch – mindestens eine – das müßt ihr mir glauben. Ich werde sie fragen – ich lüge nicht – ihr werdet schon sehen –! Meine Mutter heißt Elisabeth!"
„Gar nichts werden wir sehen!", wußte die Lina. Lucy fiel in ihrer Verzweiflung noch eine Möglichkeit ein, um es den Kindern recht zu machen. Sie sagte nun ganz ruhig: „Wenn ich euch beweisen kann, daß die Erwachsenen nicht immer recht haben, spielt ihr dann wieder mit mir?" Sie wußte noch nicht wie sie das beweisen wollte, aber etwas würde ihr schon einfallen, tröstete sie sich.

„Mal sehen", kam es lahm von der Lina, und: „das wird dir nicht gelingen", prophezeite die Dina und spuckte in den Sand.

Die Aussprache

Lucy war wieder krank. Elisabeth, Lucys Pflegemutter, wußte nicht so recht, ob sie eine Erkältung hatte oder was sonst mit ihr los war. Sie hatte nämlich kein Fieber. Das konnte sie vom Thermometer ablesen; aber es ging ihr schlecht, das konnte man sehen. Elisabeth sagte: „Kann ich dich allein lassen? Ich müßte noch einmal aufs Feld. Ich habe versprochen, beim Erdbeersaubermachen zu helfen –!"
„Ja", sagte Lucy und vergrub sich in ihre Kissen. Elisabeth war nun fort. Dabei wollte Lucy eigentlich, daß sie dageblieben wäre. Sie wollte sie doch so vieles fragen. Sie wollte doch unbedingt wissen, ob das wirklich wahr wäre, das mit dem Schlechtsein oder schlecht werden – das was die Mädchen da so behauptet hatten. Und: wer bin denn ich überhaupt, wenn die Elisabeth nicht meine richtige Mutter ist? Lucy weinte und zitterte. Dann versuchte sie sich zu entspannen. Da wurde es auf einmal ganz warm und tröstlich zwischen ihren Beinen. Sie hatte ganz vergessen, daß sie dringend mal aufs Klo gemußt hätte. „Nun ist schon alles egal", schluchzte sie und schlief endlich ein.
Elisabeth kam bald von der Feldarbeit nach Hause. Sie hatte keine Ruhe gehabt und war deswegen eher zurückgekommen, als sie sich vorgenommen hatte. Sie legte ihre Hand auf Lucys Stirne und holte das Fieberthermometer. Dann zog sie die Bettdecke zurück und staunte sehr, daß da alles so pitschenaß war.
Lucy wachte auf. Sie versuchte, die Decke zurückzuziehen. Elisabeth hielt sie aber fest und fragte: „Lucy, was ist mit dir? Kannst du nicht aufs Klo gehen? Ich glaube nicht, daß du Fieber hast! Was ist mit dir?" sagte sie und streichelte Lucy über die Haare und hielt sie ganz fest. Da weinte die Lucy ganz laut auf und dann schrie sie: „Bin ich vielleicht eine Schlechte? Ich meine, daß ich eigentlich keine Schlechte bin! Oder doch? Sie haben auch gesagt, daß ich eine Dreckige bin –! Das scheint ja nun zu stimmen – ich habe ja ins Bett gemacht. Und das alles, weil du nicht meine Mutter bist! Warum bist du denn nicht meine Mutter? Und wer bin ich denn eigentlich? Bin ich die Lucy oder wer sonst?" Lucy bemerkte, wie die streichelnde Hand von Elisabeth plötzlich zitterte, dann aber

wieder fest wurde. Sie sagte: „Mein Gott –! Natürlich bist du die Lucy! Unsere liebe Lucy! Wer sonst? Wer hat dir so etwas gesagt?
Die Kinder? Das tut mir leid! Glaube mir – vor allem – ich habe dich lieb! Ich habe dich nicht geboren – aber ich – wir – haben dich ausgesucht! Wir alle haben dich lieb! Die Bärbel Oma und der Opa aus Darmstadt, unser Freund, der Helmut – und der Mann, den ich geheiratet habe, der hatte dich genau so lieb! Er fehlt uns besonders. Er wäre dir ein guter Vater geworden, wenn er nicht gefallen wäre in diesem verdammten Krieg."
„Gefallen? Wieso ist er denn gefallen? Hat er sich irgendwo totgefallen? Wie ist denn das passiert?" wollte Lucy wissen.
„Nein – gefallen, das heißt soviel wie: er ist gestorben. Sie sagen: Gefallen für Führer, Volk und Vaterland. Ein „ehrenvoller" Tod. Das macht ihn aber auch nicht wieder lebendig. Weißt du, er ist an der Front gewesen. Das ist ganz vorne, dort, wo die Feinde unseren Soldaten direkt gegenüber stehen. Da ist er totgeschossen worden. Einfach so, weil der Feind schneller war mit dem Schießen. Verstehst du? Er hat für uns gekämpft, sagen sie. Und nun ist er tot.
Als du damals ein Bobbelchen warst, da hat er dir sogar das Fläschchen gegeben. Er und ich – wir beide haben dich ausgesucht. Es waren noch andere Kinder da, die wir hätten aussuchen können –! Aber, wir haben dich gewollt, dich – dich – dich – nur dich, verstehst du? Weil wir dich gleich so geliebt haben, nachdem wir dich gesehen hatten. Weißt du – das ist nämlich so: Ich kann leider keine Kinder bekommen –! Und wir wollten doch so gerne eines haben! Da haben wir uns beim Fürsorgeamt gemeldet. Es gibt da nämlich die Möglichkeit, verlassene Kinder oder solche, die keine Eltern mehr haben, zur Pflege zu bekommen oder sie zu adoptieren."
„War ich auch ein verlassenes Kind? Sind meine Eltern tot?"
„Nein, bei dir ist es etwas anderes. Dein Vater ist nämlich auch gefallen! Genau wie mein Mann gefallen ist. Er ist 1941 gefallen in Brest Litowsk, das ist dort zwischen Polen und Rußland. Das hat mir deine Mutter erzählt, daß er dort gefallen wäre."
„Für Führer, Volk und Vaterland", ergänzte Lucy.
„So sagt man, ja! Er hatte aber deine Mutter noch nicht geheiratet gehabt, und deswegen bist du als uneheliches Kind geboren. Und deine Mutter hat arbeiten gehen müssen. Da konnte sie dich nicht gebrauchen. Außerdem hatte sie noch ihre Eltern zu versorgen. Das sind alte Leute."

„Sie hätte mich trotzdem behalten können“, empörte sich Lucy.
„Nein – das wäre wirklich nicht gegangen – weil – na ja, weil deine Mutter nämlich Tbc hatte. Damit du nicht angesteckt werden solltest, hat man dich ihr weggenommen. Du warst erst knapp ein Jahr alt, damals!“
„Weggenommen?“
„Ja, weggenommen, gegen ihren Willen. Sie hat getobt damals. Aber sie konnte nichts dagegen machen. Deswegen habe ich ihr auch erlaubt, dich zu besuchen. Sie hat mir halt leid getan.“
„Aha, dann ist sie es doch! Sie hat es mir immer gesagt, daß sie meine Mutter wäre. Immer, wenn ich mit ihr allein war! Aber ich habe es ihr nicht geglaubt!“
„Tatsächlich! Das hat sie gesagt! – Manchmal hatte ich Angst, daß sie dich anstecken könnte. Inzwischen ist sie aber gesund. Du bist auch gesund. Ihre Tbc ist nun geschlossen.“
„Geschlossen?“ fragte Lucy mißtrauisch.
„So sagt man, wenn die Krankheit gestoppt ist und keine Ansteckungsgefahr mehr besteht. Außerdem wird sie überwacht. Sie muß sich regelmäßig untersuchen lassen, um nachzuweisen, daß sie wieder gesund ist. Sonst müßte sie in eine geschlossene Lungenheilanstalt eingewiesen werden.“
„Aber, wenn sie gesund ist, kann sie mich wieder von dir wegholen?“
„Nein, das Jugendamt hat bestimmt, daß du bei mir bleiben darfst. Allerdings haben sie einen Vormund für dich eingesetzt. Das bedeutet, daß ich nicht das alleinige Erziehungsrecht für dich habe. Aber, das ist ja nicht so wichtig. Hauptsache, wir können zusammen bleiben, nicht wahr?“
„Haach – Gott sei Dank –“ meinte Lucy erleichtert.
„Schade, daß das mit der Adoption nicht geklappt hat. Dann hätten die Kinder in deiner Klasse gar nicht bemerkt, daß du ein angenommenes Kind bist.“
„Ah, weil ich dann mit meinem Nachnamen auch ‚Rath‘ heißen würde, so wie du –“, stellte Lucy sachlich fest.
„Klar, das wäre so geworden. Weil aber mein Mann – dein Pflegevater – weil der aber dann auch noch gefallen ist –“.
„Gefallen für Führer, Volk und Vaterland“, ergänzte Lucy eifrig.
„Ja, deswegen ist es nicht zur Adoption gekommen. Als alleinstehende Frau durfte und darf ich dich auch heute nicht adoptieren. Ich bin ja

schon froh, daß du überhaupt bei mir bleiben darfst. Alleinstehende Frauen werden hier in so einer dörflichen Gemeinschaft besonders beobachtet."

„Beobachtet? Wieso denn das?"

„Na ja, damit sie sich ‚anständig' benehmen" und sich ja nichts zuschulden kommen lassen. Die Menschen verstehen das halt nicht anders. Nur, wenn sie sagen, daß du eine Schlechte wärst, das lasse ich nicht zu! Weil es nämlich gar nicht wahr ist! Du wirst auch nicht schlecht werden! Das darfst du bloß nicht glauben, weil das nämlich Unsinn ist. Die Menschen sind schlecht, wenn sie so etwas zu ihren Kindern sagen. Von Geburt an schlecht ist keiner – schlecht werden kann jeder! So ist das nämlich!

Eigentlich wollte ich mit meiner Aufklärung noch etwas warten. Ich konnte ja nicht ahnen, daß sie so gemein sind zu dir."

„Mein lieber Schwan", sagte Lucy und hing mit neugierigen Blicken an Elisabeth. Die meinte: „Ich werde selbst mit den Kindern reden und mit ihren Müttern auch. Du wirst schon sehen, es wird alles wieder in die Reihe kommen."

„Aber wieso – warum kommt da so eine Frau – die mit dem braunen Kleid und dem braunen Schleier? Die sieht ja aus wie die böse Fee vom Dornröschen. Die läßt mich immer Kniebeugen machen!"

„Das ist die Fürsorgeschwester! Daß ich dir die nicht ersparen kann, tut mir leid. Sie muß kontrollieren, ob du gesund bist und ob es dir gut geht, das heißt, ob ich auch gut zu dir bin, und sie achtet darauf, daß du anständig erzogen wirst; Sauberkeit und so weiter –! So will es das Gesetz!"

„Und ob ich nicht ‚plem-plem' bin", wußte Lucy.

„Was – was du nicht sagst – so ist das doch nicht", meinte Elisabeth erschrocken.

„Doch! Was sonst? Was glaubst du, wie es ist, wenn die mir immer in den Mund guckt und mir den Kopf abtastet! Bücken –! Aufstehen –! Umdrehen –! Bist du gewachsen? Keine Auffälligkeiten – – –? Meinst du ich merke das nicht?"

„Mein Gott, das ist ja schrecklich", seufzte Elisabeth leise, während Lucy mit ihrer „Beweisführung" fortfuhr:

„Neulich war da ein Viehhändler beim Birkenbauer. Der hat zwei Schlachtschweine mitgenommen. Ich habe gesehen, wie er auch das Kälbchen angetatscht hat. Aber das war ihm scheinbar noch zu mager. Und dem alten Hansigaul hat er das Maul aufgemacht, um zu sehen,

was er noch wert ist. ‚Da kriegst du nichts mehr dafür', hat er zum alten Bauern gesagt. Genau so bin ich mir vorgekommen – wie der alte Hansigaul – weil ich ja auch immer den Mund aufmachen muß –! Bei dieser Frau mit dem braunen Schleier. Bin ich überhaupt etwas wert?"
„Natürlich bist du etwas wert! Wie kannst du so etwas fragen. Du bist das aller Wertvollste, das ich habe", sagte Elisabeth und nahm Lucy wieder in die Arme.
„Ich habe manchmal gemeint, daß ich keine Schlechte bin – weil ich niemand etwas Böses will. Ich bin doch kein Feind von jemandem!
Da verstehe ich nicht, daß die Kinder zu mir so feindlich sind. Werde ich vielleicht doch noch eine Schlechte?"
„Du bist keine Schlechte und du wirst auch keine Schlechte werden! Das habe ich dir schon einmal gesagt! Niemand darf so etwas sagen!"
„Und meine Mutter! Ist die eine Schlechte?"
„Gewiß nicht! Ich habe sie kennengelernt. Ich weiß es ganz genau, daß sie eine liebe Frau ist. Sie hat dich auch nicht hergeben wollen. Und – sie hat dir einen schönen Namen ausgesucht. Lucy heißt nämlich Licht! Sie hat gesagt, sie wäre deswegen auf diese Idee gekommen, weil du am dreizehnten Dezember geboren bist. Der dreizehnte Dezember ist nämlich der Lucientag. Das hat ihr gefallen, hat sie mir gesagt. Wegen des Lichtes weißt du! Du solltest nämlich ihr Licht sein. Also etwas Gutes. Also hat sie dich auch gewollt und dich lieb gehabt. Das kann man sehen."
„Und dann hat sie mich doch nicht gekriegt", meinte Lucy.
„Ja, sie hat sich wohl inzwischen damit abgefunden, daß du bei mir aufwächst. Sie kann es nur nicht leiden, wenn du zu mir Mama sagst. Deswegen hatte sie dich auch immer bedrängt mit ihrer Mamaaufklärung.
Das andere hat sich alles so ergeben. Sie ist auch ein Opfer dieser schlimmen Zeit geworden."
„Ich kann sie trotzdem nicht so gut leiden! Ich mag es nicht, wenn sie mich besucht!"
„Dann werde ich es ihr sagen! Beruhige dich nun erst einmal!"
„Na ja, es geht mir schon viel besser. Ich glaube, ich könnte aufstehen. Ich könnte es den Kindern sagen – wenn du es ihnen auch sagen würdest, – daß die Erwachsenen nicht immer recht haben – dann glauben sie es eher. Dann sind sie vielleicht nicht mehr so gemein zu mir!"
„Mit denen werde ich auch reden", versprach Elisabeth und lächelte.

Weil die Männer im Krieg waren, mußten die Frauen daheim „ihren Mann stehen".

Vom Garten und von „kleinen" Leuten

Elisabeth war inzwischen bei den Frauen im Dorf gewesen und hatte mit ihnen geredet. Sie sagte dann zu Lucy: „Es ist alles in Ordnung – sie wollen nicht mehr so böse zu dir sein!"
Da war Lucys größte Angst erst einmal verschwunden.
Außerdem waren ja nun auch die Kartoffelferien. Das bedeutete, daß sie ihre Schulkameradinnen sowieso nicht jeden Tag sehen würde. Nun freute sich Lucy auf das Geißehüten.
„Eigentlich müßtest du beim Kartoffelausmachen helfen – dafür sind die Herbstferien nämlich gedacht. Die Kinder sollen auch dabei helfen. Ich habe den Bauersleuten gesagt, daß es reicht, wenn ich helfe. Du kannst aber beim letzten Pflügen noch einmal mitlaufen. Da werden immer noch einzelne Kartoffeln gefunden. Es sind dann nicht so viele, und

du brauchst nicht die schweren Körbe zu schleppen. Das wird erst in zwei Wochen gemacht, wenn alle anderen Felder abgeerntet sind."
„Warum müssen wir immer auf dem Feld arbeiten – wo es uns gar nicht gehört?" wollte Lucy wissen. „Ich arbeite viel lieber in unserem Garten!"
„Es ist wegen dem Garten, den wir haben. Er gehört uns nicht. Wir haben ihn nur gepachtet."
„Ist das soviel wie gemietet?"
„Ja, und Geld wollen sie keines! Sie wollen Arbeitskraft! Und das geben wir so gut es eben geht, damit wir den Garten behalten dürfen. Du liebst doch unseren Garten auch!"
„Na klar! In unserem Garten ist es wunderschön. Die Dahlien blühen gerade und die Astern, im Frühjahr die Schneeglöckchen und der Seidelbast. Und den Schnittlauch und den Spinat, den liebe ich auch!"
„Na, siehst du!"
„Gehört der Apfelbaum und der Mollebuschbaum auch nicht uns?"
„Nein – aber wir dürfen seine Früchte ernten!"
„Und du darfst dafür ganz schön schwer arbeiten", stellte Lucy fest.
Elisabeth dachte nach und erklärte ihre Gedanken:
„Die Menschen, die alles haben, genug zu essen und so, die geben manchmal schon was ab; aber nicht umsonst!
Die armen Menschen, die wenig zu essen haben, die arbeiten dann für die reichen Menschen, damit sie nicht verhungern müssen.
Und manchmal nutzen das die Reichen aus und lassen die Armen für sie arbeiten und geben ihnen gerade so viel zu essen, daß sie weiter arbeiten können.
Davon werden die Reichen immer reicher und die Armen immer ärmer. Sie sind nämlich gezwungen, zu arbeiten, wenn sie nicht verhungern wollen. Die Reichen brauchen dann nur noch zu befehlen!"
„Hat das etwas mit Freiheit zu tun?" wollte Lucy wissen.
„Wenn man zu etwas gezwungen wird, hat man keine Freiheit mehr", sagte Elisabeth und sah plötzlich sehr müde aus. Dann fragte sie:
„Lucy, wie kommst du da auf das Wort Freiheit?"
„Naja, weil die Arbeitsdienstmänner, wenn sie morgens an der Schule vorbeilaufen, immer singen:
„Freiheit, das Ziel – Führer befiehl, wir folgen dir –!"
Elisabeth schwieg und Lucy wollte nun unbedingt mit den Geißen auf die Weide. „Müssen wir das auch bezahlen, wenn wir unsere Geißen auf denen ihre Weide lassen?" fragte sie.

Die „kleinen Leute“ waren arme Leute, ohne eigenen Acker. Dazu gehörten die Tagelöhner und Arbeiter eines Dorfes. Die Frau mit der Kopflast gehört auch dazu. Sie hat gerade am Wegrand Futter für ihre Geiß geholt.

„Gailsbauern“

„Nein – das darf man. Aber nur nach der zweiten Heuernte, die man hier ‚Omet' nennt, da darf man weiden lassen. Jeder vom Dorf darf dann das nachgewachsene Gras für seine Tiere verwenden. Das kostet nichts. Das ist die Zeit, wo wir kleinen Leute einen kleinen Vorteil für uns und unsere Tiere haben."
„Die kleinen Leute?"
„Ja, das ist so! Es gibt folgende Rangordnung im Dorf. Erstens: die Gailsbauern (Pferdebauern), zweitens: die Kiehbauern (Kuhbauern), drittens: die Gaaßebauern (Ziegenbauern) – und die gehören zu den kleinen Leuten! Verstehst du?"
„Aha, dann gehören wir zu den kleinen Leuten", stellte Lucy exakt fest und meinte:
„Naja, dann will ich kleines Mensch mir die Freiheit nehmen, und unsere wunderbare Geißen auf Gottes grüne Weide treiben!"

Gefahr beim Geißehüten

Das milde Herbstwetter gefiel Lucy besonders gut. Sie nahm sich eine alte Decke mit, ein Käntchen Brot und ein Buch zum Lesen. Sie liebte die Geißen sehr, besonders die Luna! Das war die mit dem dicken Euter. Und sie liebte auch die köstliche Ziegenmilch. Sie schmeckte viel aromatischer als die Milch von den Kühen. Die andere Ziege hatte auch ein Euter. Aber das war nicht ganz so groß wie das von der Luna. Sie hatte ganz krumme Hörner und besonders schön gewachsene Glöckchen am Hals. Aber sie war störrisch und bäzzig und nicht so zahm zum Anfassen wie die Luna. Deswegen hatte sie auch den Namen „Bätz" bekommen. Lucy lag nun auf der Decke, neben ihr das Buch. Sie las aber nicht, sondern hielt Ausschau auf das Feld in der Hinterkuhle.
Dort waren die Bauern beim Kartoffelausmachen und der französische Lui war auch dabei. Einmal hatte er ihr zugewinkt. Sie wußte nun, daß er sie gesehen hatte. Das gefiel ihr so sehr, daß sie vor Freude einen Kopfstand machte. Plötzlich hörte sie von weitem das Motorengeräusch von Flugzeugen. Sie hatte sofort Angst, denn Tiefflieger waren jetzt häufig unterwegs. Sie hatten neulich das „Lieschen"* beschossen. Eine Nachbarin von Lucy hatte es erzählt, weil sie auch dabei war. Sie sagte, die Leute hätten sich unter den Bänken versteckt, und die Tiefflieger hätten in einem fort auf das Bähnchen geschossen. Eine Frau ist vor lauter

Angst herausgesprungen. Da hatte sie es erwischt. Die feindlichen Flieger haben sie in den Oberarm geschossen. Und der Arm hat dann abgenommen werden müssen. Auch über dem Nachbardorf hatten sie schon zweimal geschossen und eine Scheune hatte auch gebrannt. Und nun waren sie schon wieder da und trieben ihr Unwesen über dem Gersprenztal. Lucy wickelte schnell ihre Decke zusammen, legte sie unter den Birnbaum und rief die Geißen: „Luna, Luna, komm komm, Bätz, Bäääätz – wo bist du? Komm Luna, so ist's gut, hierher, –!"
Die Luna-Geiß war schon ganz nahe und Lucy konnte sie nun an dem Birnbaum festbinden. Das Motorengeräusch wurde wahnsinnig schnell lauter. Es waren zwei Flieger, die sehr tief über das Tal hinkurvten. Lucy suchte noch immer die Bätz und rief in einem fort: „Bätz, Bätz, wo bist du nur? Ach – dort – gehst du aus den Rüben! Du böse Bätz, hörst du nicht die Tiefflieger? Schnell Bätz – –!"
Plötzlich waren keine Menschen mehr auf dem Feld zu sehen. Die hatten sich nämlich blitzschnell auf den Bauch geschmissen. Lucy konnte es gerade noch sehen. Schon kam der Tiefflieger zurück. Ganz, ganz niedrig war er und tack, tack, tack, tack, knatterte es über die ganze Feldgemarkung. Lucy wußte die ungefähre Richtung vom Erdbeerhäuschen*). Sie sah Blitze und hörte: tack, tack, tack, tack. Sie nahm die Luna am Strick und rannte mit ihr zu diesem Häuschen. Dabei fiel sie hin und über ihr ging es tack, tack, tack, weiter. Da hatte sie plötzlich ein Bild vor sich. Es war die gute Fee. Endlich! Sie hatte es immer gewußt, daß es auch eine gute Fee geben müßte. Da stand sie nun und sie war ganz weiß gekleidet. Sie hielt ihre Hand Lucy entgegen und führte sie in das Häuschen. Außerdem band sie die Luna im Inneren des kleinen Raumes an den Türpfosten fest, so daß sie nicht mehr heraus konnte. Lucy war wie versteinert. Es dauerte eine ganze Weile, bis sie begriff, daß die beiden Tiefflieger fort waren.
Nun war eine Totenstille über den Feldern. Noch nicht einmal ein Vogel wagte ein zaghaftes Zwitschern. Auch die Bäume im lauen Herbstwind schienen den Atem anzuhalten.
Da schlüpfte Lucy aus ihrem Versteck und hielt Ausschau nach der Bätz. Die graste scheinbar zufrieden in den Rüben des Nachbarn. Lucy atmete auf, sprang hinüber, sah die Menschen, wie sie dalagen oder saßen und noch ganz verstört waren. Es roch nach Feuer und Brand und eine Rauchsäule konnte man über dem Dorf hochsteigen sehen.
„Es brennt", riefen die Menschen auf dem Feld. „Wir müssen heim und

nach dem Rechten sehen." Sie machten sich bereit zum Heimgehen, als plötzlich das tiefe, nahe Geräusch des Unheils erneut hereinbrach. Und tack, tack, tack, ging es wieder und tack, tack, tack. Lucy war es, als stürze die weiße Frau auf sie zu, und sie spürte, wie sie ganz, ganz fest gehalten wurde. Sie fühlte sich geborgen.
Am nächsten Tag kamen keine Tiefflieger. Aber die Leute waren alle auf der Straße und redeten über den kriegerischen Vorfall. Dabei wurde Lucys Namen auch genannt, obwohl die abgebrannte Scheune von Bierwirts auch im Mittelpunkt des Geschehens stand. Sie redeten über die seltsame Sache von Lucys Rettung. Niemand konnte begreifen, was da geschehen war. Es stellte sich nämlich heraus, daß auf Lucy geschossen worden war. Aber der Lui, der französische Kriegsgefangene, der beim Bauer arbeiten mußte, der hatte sich über das Kind geworfen und es beschützt. Eine Kugel hatte er abbekommen. Die stak nun in seiner Schulter und mußte noch entfernt werden. Das war vielleicht eine Aufregung und ein Staunen im ganzen Ort! Ein Franzose, eigentlich ein Feind der Deutschen, ein Kriegsgefangener, hatte das Leben eines deutschen Kindes gerettet!

Der Beweis – Wie sieht ein Feind eigentlich aus?

Die Kartoffelferien waren zu Ende und damit auch das Geißehüten. Lucy ging wieder in die Schule. Sie hatte ein bißchen Angst vor den Schulkameradinnen. Aber auch ein bißchen Mut. Denn inzwischen hatte sie ja den Beweis gefunden. Den Beweis, daß die Erwachsenen nicht immer recht haben. Und das wollte sie gleich heute am ersten Schultag den Mädchen erklären. Vielleicht spielten sie dann wieder mit ihr all die schönen Spiele im Schulhof. Und sie wollte auch ganz bestimmt nicht zornig werden, das hatte sie sich ganz fest vorgenommen.
In der großen Pause war es dann so weit. Lucy zupfte die Dina ein wenig am Zopf und fragte: „Spielt ihr wieder mit mir?"
„Ach so", sagte die Dina, „deine – Mutter – die Frau Rath – hat ja mit uns gesprochen – naja – aber hast du nicht etwas beweisen wollen?"
„Jawohl, ich kann beweisen, daß die Erwachsenen nicht immer recht haben", rief Lucy glücklich.
„Wie denn?" kam es wie aus einem Munde von Dina und von Lina.
„Also ihr wißt doch, wer alles unsere Feinde sind?" fragte Lucy.

„Na klar, die Amerikaner, die Engländer und die Russen", wußte die Dina.
„Und die Polen und die Franzosen ganz bestimmt auch", wußte die Lina.
„Die Franzosen?" fragte Lucy und lächelte.
„Ja freilich, das sieht man doch", wußte die Dina. „Die Gefangenen, die bei den Bauern arbeiten, sind unsere Feinde. Die dürfen auch nicht am selben Tisch essen wie die Bauersleute. Die müssen in einer Ecke sitzen und ganz alleine essen. Das habe ich gesehen", sagte die Dina.
„Und abends müssen die zurück in die Baracke zum Schlafen und werden auch noch bewacht, weil sie unsere Feinde sind, nämlich. Genau wie der Russe bei Dagoberts. Der ist auch ein Gefangener und er ist unser Feind."
„Jawohl", sagte nun die kleine Else, die hinzugekommen war. „Jawohl und der Engländer, der neulich aus seinem Flieger rausgefallen ist, mit seinem schönen Fallschirm aus echter Seide, der Engländer war auch unser Feind. So einer hat nämlich auf uns geschossen. So ein Tiefflieger war das.
Ganz recht geschieht es dem, daß sie ihn aus den Apfelbäumen geholt und totgeschlagen haben. Schließlich war er unser Feind. Genau wie die Franzosen auch unsere Feinde sind. Die Feinde wollen uns alle töten!"
„Aber", sagte Lucy betont langsam. „Wie kommt es dann, daß der französische Lui vom Birkenbauer mich mit seinem Körper vor dem Tod bewahrt hat? Er hat ja die Kugel abbekommen, die ganz bestimmt mich getroffen hätte. Er hat nicht getötet, sondern gerettet! Er als unser Feind?"
Nun war auf einmal Totenstille in dem Kreis eingetreten. Die Mädchen sahen sich ratlos an. Die Irmtraut kaute an ihrer Unterlippe, die Dina nestelte an ihrem Zopf herum, und die kleine Else hielt sich an ihrer Nase fest, als wüßte sie nicht, wohin damit.
„Tatsächlich", sagte nun eins von den Mädchen, „der französische Lui ist überhaupt kein Feind! Das kann nicht stimmen! Er hat mir neulich ein Stück Schokolade geschenkt; das war aus Frankreich und meinem Bruder hat er ein Pfeifchen geschnitzt!"
„Aber, wie sieht denn ein Feind eigentlich aus?" wollte eines der Mädchen nun wissen.
„Das kann man nicht so genau sehen!"
„Vielleicht – ja so muß er aussehen. Im Bahnhof hängt doch ein Plakat."

„Ach ja – das ist doch der Kerl drauf mit dem Kohlensack auf dem Buckel. Er ist ganz schwarz und hat eine Augenbinde, eine Batschkapp und geht so – gebückt – man kann sehen, daß der Dreck am Stecken hat – irgendwie."
„Ja, das ist der Kohlenklau* – der ist auf jeden Fall ein Feind!"
„Wie kann man einen Feind sonst noch erkennen?"
„Ein Feind will töten!"
„Oder dem anderen etwas wegnehmen!"
„Also – bei Tieren kann man es ganz gut sehen, wer wessen Feind ist!"
„Jawohl – Der Fuchs ist zum Beispiel der Feind eines Hinkels. Und das Hinkel ist ein Feind des Käfers, eines Wurmes oder eines Schmetterlings!"
„Die Katze ist der Feind des Vogels und ein Feind der Maus!" „Und die Maus ist ein Feind von uns Menschen, denn sie frißt uns alles weg!"
„Komisch, daß es bei uns Menschen überhaupt Feinde gibt! Haben wir nicht so viel zu essen, daß es reicht für alle?"
„Nein – das ist es ja! Die Engländer, die Franzosen und die Russen und Polen, die wollen uns ganz gewiß etwas wegnehmen."
„Vielleicht haben die nicht genug zu essen!"
„Das ist es! Es geht bestimmt ums Essen! Deswegen sind sie unsere Feinde und wollen uns unser Land wegnehmen!"
„Aber das kann doch nicht wahr sein! In dem Lied heißt es doch – wart mal, ich weiß wie es geht. Die Arbeitsmänner singen das, wenn sie manchmal bei uns vorbei marschieren:
„Nun stampfen nach Osten die Heere,
ins russische Land hinein.
Kameraden an die Gewehre,
der Sieg muß unser sein."
„Da wollen doch wir Deutsche den anderen etwas wegnehmen!"
„Es könnte so sein: da marschieren unsere Soldaten in das Feindesland, um den Feinden zuvor zu kommen."
„Ja, aber dann sind wir doch denen ihre Feinde!"
„Ja, aber sonst marschieren die bei uns ein, und nehmen uns alles weg."
„Und aus Feindesland – aus Russland, Polen und Frankreich, da haben unsere Soldaten die Gefangenen mitgebracht. Die müssen nun zur Strafe für uns arbeiten, das sieht man doch."
„Wieso denn zur Strafe?"

„Das weiß ich doch nicht! Aber sie sind doch bestraft, wenn sie nicht mal am selben Tisch essen dürfen wie wir."
„Wahrscheinlich wollten sie uns am liebsten töten. Aber wir sind ihnen zuvorgekommen. Wir haben sie zu Gefangenen gemacht. Schließlich sind sie doch unsere Feinde!"
„Aber der französische Lui hat mich doch gerettet! Obwohl er unser Feind sein müßte", wiederholte Lucy.
„Das stimmt auch wieder", meinte die Dina und wußte nichts mehr zu sagen. Aber der Lina fiel nun etwas ein: „Ja", sagte sie, „die Erwachsenen lügen! Mich haben sie auch belogen. Meine Oma sagt jeden Abend zu mir, wenn ich meinen Teller nicht leer esse, dann gäbe es kein schönes Wetter. Ich habe jeden Tag meinen Teller leergeputzt, auch den scheußlichen Spinat habe ich verputzt. Und am anderen Tag hat es trotzdem geregnet. So eine Gemeinheit!"
„Jaja – und was lügen die Erwachsenen noch alles zusammen: Vom Bensnickel und vom Osterhasen", wußte die Irmtraut. Und das Elschen sagte eifrig: „Und das mit dem Klapperstorch scheint auch nicht zu stimmen. Aber wer weiß, wie das wirklich zugeht!"
Auf einmal hielt die Dina eine kleine Rede im Namen der anderen Kinder:
„Du bist eigentlich ganz in Ordnung! Und daß du jünger bist wie wir, dafür kannst du ja nichts! Wir wollen wieder mit dir spielen. Du bist vielleicht gar nicht schlecht! Du bist sogar berühmt wie ein scheckiger Hund! Im ganzen Ort weiß man, daß du von dem Franzosen gerettet worden bist. Wir wollen Freunde sein. Heute Mittag kannst du mit uns kommen. Wir gehen in die Kischdel. Wir wissen, wo die meisten und die dicksten zu finden sind.

Wie man Kastanien aus den Hecken holt

Der sonnige Herbsttag lud geradezu ein zum Kastanienlesen. Die Kinder hatten Körbchen oder Säckchen dabei, um sie mit den begehrten Eßkastanien, die man im Ort Kischdel nennt, voll zu kriegen.
Bald waren sie auf dem Berg angekommen, dort wo eine breite, geteerte Straße direkt mitten durch den Wald führt. Am Rande, in der Sonne, standen mächtige, hohe Edelkastanienbäume. Lucy wußte, daß es hier die größten Früchte gab. Allerdings waren die Hecken darunter ziemlich

dicht mit Brombeerranken bewachsen. Es war schwierig, in dieses dornige Gestrüpp einzudringen.
Lucy kannte die Stellen, die ein wenig zugänglicher waren. Sie schlüpfte eilig mitten hindurch und kam bald darauf mit einer Schürze voll grüner, stacheliger Kastanienballen heraus. Dann ließ sie ihre Ernte auf die Straße rollen und trat mit dem Fuß darauf. Da kullerten die glänzenden, braunen Kastanien heraus und sprangen lustig in alle Richtungen, so, als freuten sie sich, endlich aus ihrem grünen Stachelmantel befreit zu sein.
Lucy hatte ihre Schürze zerrissen. Sie hatte Schrammen an den Beinen und einen Kratzer im Gesicht. Aber ihre Augen leuchteten vor Begeisterung. Im Nu hatte sie ihr Säckchen mit den Früchten vollgefüllt. Die anderen Kinder waren auch eifrig auf der Suche. Aber sie hatten nur wenige Kastanien gefunden. Sie scheuten sich, die stacheligen, grünen Ballen mit den Händen anzufassen. Ungläubig starrten sie nun alle auf Lucys volles Säckchen. Die Dina faßte sich zuerst und deutete auf Lucy: „Das sind doch nicht alles Kischdel, dadrin! Du mogelst wohl? Zeig mal her!"
Schon wollte sie das Säckchen Lucy aus der Hand reißen. Die wich aber geschickt aus und hielt es hinter ihren Rücken.
„Du kannst es ruhig zeigen! Wir wollen nur wissen, ob das stimmt! Laß mich doch einmal hineinfassen, ob da nicht noch etwas anderes drinsteckt." Zögernd streckte Lucy das Säckchen hin und öffnete es. Viele Kinderhände grabschten da hinein und heraus. Und viel blieb nicht mehr zurück. Da schrie Lucy wieder. Sie schrie und tobte: „Gebt mir meine Kischdel wieder! Ich habe sie aus den Hecken geholt! Mit den Ballen! Ich bin zerkratzt! Meine Schürze ist zerrissen! Ihr seid alle böse! Ihr seid meine Feinde! Alle!"
Lucy stand da mit empörtem Gesicht, schmutzig und mit aufgelöstem Haar. Ein Kratzer lief über ihre Nase wie ein besonderes Zeichen. Sie sah mutig aus, wie sie so alleine stand mit ihren funkelnden Augen. Aber die Kinder waren zu dritt und sie fühlten sich auch mutig. Deshalb riefen sie im Chor: „Zornröschen, Zornröschen", und immer wieder „Zornröschen!" Da hatte Lucy das Bild wieder vor sich. Sie sah die böse Fee mit den schwarzen Zöpfen. Sie stand da und hielt ihre Hände kreuzweise über sie. Ihr brauner Schleier wedelte hinter ihr und schien sie fast zu berühren, als sie beschwörend sang: „Dornröschen du sollst sterben, sterben, sterben, Dornröschen du sollst sterben, sterben – – –!"

Lieber verstecken als in die Schule gehen?

Lucy verstand die Welt nicht mehr! Gestern noch waren die Mädchen so freundlich zu ihr, und die Dina hatte gesagt: „Du bist keine Schlechte! Du bist in Ordnung! Wir sind Freunde!“ Und heute hatte dieselbe Dina mit den anderen Kindern ihr die Kischdel weggenommen. Warum nur? Nein, in die Schule werde ich nicht mehr gehen. Dort ist niemand freundlich zu mir. Erst einmal werde ich auf dem Heuboden schlafen, dachte sie und sprach dann laut mit sich selbst: „Vielleicht, wenn die Mama da wäre, wenn die heut abend vom Feld heimkommt und ich ihr erzählen könnte, wie böse meine Schulkameradinnen wieder zu mir sind – ach die Mama Elisabeth – wenn die bloß da wäre! Immer ist sie fort arbeiten, grad wenn man sie am nötigsten braucht!“
Lucy fand in der Küche einen Brotrest, ein Kännchen mit Ziegenmilch und eine Schüssel mit saftigen Birnen. Diese Sachen packte sie in ihre zerrissene Schürze und schrieb auf einen Zettel: Bin schon im Bett – Kuß Lucy, und legte ihn auf den Küchentisch. Dann nahm sie das Milchkännchen in die Hand und stieg die steile Treppe zum Heuboden hinauf. Dort verriegelte sie die Türe von innen und machte es sich im Heu gemütlich. Hier duftete es wunderbar. Lucy lag in einer Mulde und mußte niesen. Sie weinte ein bißchen. Dann aß sie das Brot und trank von der Milch. Da fühlte sie sich gleich besser. Es wurde schon schummrig und es knisterte dort an der Bodentüre. Was war das? Die Türe hatte unten ein Loch für die Katze, die ihr Quartier hier machen durfte.

Das Hausgespenst lenkt vom Kummer ab

Lucys Blick hing gebannt an der Bodentüre. Sie spürte, wie ihr die Gänsehaut den Rücken hinunter kribbelte. Da funkelte es grünlich – oder waren es rote Lichter, die unentwegt und lautlos auf Lucy zukamen? „Das muß ein Gespenst sein, ein Hausgespenst oder so etwas Ähnliches“, dachte Lucy und zuckte entsetzt zurück. Etwas streifte ihre Beine und es war nur ein winziger Augenblick des Schreckens, als dies geschah, denn blitzschnell verwandelte sich die Erkenntnis in hüpfende Freude. Die grünen Lichter über dem stolzen Schnurrbart, das lautlose Anschleichen, das alles gehört zur Minne. Und Minne war Lucys schwarzgefleckte

Katze, die ab und zu den Heuboden aufsuchte und ihn wahrscheinlich von Mäusen sauber hielt.
Die Minne war genau so überrascht wie Lucy selber. Als sie Lucy erkannte, fing sie sofort an zu klagen: Mra – mra – mrau, sagte sie und schielte nach dem Milchkännchen, welches noch halb voll war.
Lucy stellte es ihr bereitwillig auf den Boden, weil sie ja keinen Futternapf bereit hatte. Ein wenig leckte die Minne daran, doch dann miaute sie weiter.
„Was ist, Minne? Warum nimmst du die Milch nicht an? Das ist doch die Milch von der Luna und von der Bätz, die magst du doch so gern! Oder hast du keinen Hunger? Dick genug bist du ja!"
„Mra, mra, mrau, klagte die Katze unentwegt und wurde immer aufgeregter. Schließlich sprang sie in den großen Obstkorb, der halb gefüllt war mit sauberen Kartoffelsäcken. Dort drehte sie sich immer wieder im Kreis und schrie „mrau, mrau, mrau, bevor sie sich schließlich hinlegte.
Erstaunt betrachtete Lucy ihre Katze und nun wurde es ihr doch recht unheimlich zumute.
„Was hast du nur Minne? Warum schreist du so und nimmst doch keine Milch? Hast du dich überfressen, weil du so dick bist? Vielleicht ist es am Ende Rattengift vom Nachbarbauer? Meine Güte, haben sie dich vergiftet? Soll ich – ich werde gleich nach der Mama rufen, vielleicht ist sie schon zurück! Warte Minne! Schon sprang Lucy auf und besah noch einmal die Lage der Minne. Die hatte inzwischen etwas nasses, glänzendes zwischen den Beinen liegen. Da rief Lucy empört: „Warum machst du dein Geschäft auf die schönen sauberen Kartoffelsäcke, die meine Mutter frisch gewaschen hat? Die Minne guckte die Lucy an und sagte „Mrau".
Und dann hörte Lucy ein zartes Piensen und sah noch einmal hin. „Ach Gott, Minne, du machst ja Junge", rief sie und blieb gespannt vor dem Korb sitzen. Sie versuchte der Minne das Milchkännchen anzubieten, aber die wollte es nicht haben. Sie hatte Wichtigeres zu tun. Endlich lagen fünf junge Kätzchen im Korb bei der Minne. Eins davon war rothaarig. Die Minne sagte nur: „Mrau, mrau" und leckte ihre Jungen.
„Du hast es gut, Minne! Und alleine bist du auch nicht. Fünf Junge hast du bekommen! Feinde hast du sicher keine! Oder doch? Du selbst bist aber ein Feind, das weiß ich. – Du bist ein Feind der Ratten und Mäuse. – Leider auch der Vögel – wir müssen aufpassen auf dich – Manche Leute legen Rattengift aus. Das darfst du nicht fressen, hörst du? Ich will

nicht, daß du tot bist. Ich bin ja deine Freundin. Und du bist meine Feundin! Und Katzen sind nützlich. – Ich möchte auch nützlich sein. Ich werde der Mama Elisabeth das nächste Mal helfen, wenn sie wieder aufs Feld muß –!"

Dann hörte Lucy Elisabeth heimkommen. Da hüpfte sie freudestrahlend die Bodentreppe hinunter und rief: „Mama, die Minne hat Junge bekommen auf dem Heuboden – und ich war dabei –!"

„Was machst du denn auf dem Heuboden? Hast du schon zu Abend gegessen?"

„Ja, schon", kam es verlegen zurück.

„Es tut mir leid, daß es heute so spät geworden ist! Aber die Frau hat sich den Fuß verstaucht und so habe ich noch das Abendessen gerichtet. Morgen habe ich wieder ein bißchen mehr Zeit übrig für dich."

„Ich könnte ja morgen mit dir gehen – aufs Feld – ich möchte auch nützlich sein", sagte Lucy plötzlich.

„Nein, nein, du gehst zur Schule, das ist auch nützlich", sagte Elisabeth, „und nun gehn wir beide erst mal schlafen, denn morgen früh, da ist die Nacht herum".

„Könnten wir erst noch mal nach der Minne sehn? Bitte komm doch mit!"

Elisabeth kam mit. Sie nahm die Stallaterne, und dann stiegen sie die Bodentreppe hoch. Vor dem Heuhaufen befand sich noch die Schüssel mit den Birnen und das Milchkännchen stand auch noch da.

„Lucy, hast du hier übernachten wollen? Oder was soll das?"

„Ja, Mama, die Kinder sind so böse zu mir. Und du warst nicht da! Sie haben mir alle meine Kischdel abgenommen, und sie sagen zu mir ‚Zörnröschen'!"

„So, und warum bist zu denn so zornig?"

„Weil sie behaupten, ich hätte kein Säckchen voll Kischdel. Da wäre etwas anderes noch drin, und ich hätte gemogelt. Und gestern, da haben sie noch gesagt, wir wären Freunde. Na, du weißt schon –! Sie sind aber meine Feinde. Keine Freunde! Und keine Freundinnen! Ich weiß nun ganz genau, wie Feinde aussehen –! Da mag ich nicht in die Schule gehen. Ich gehe lieber mit dir aufs Feld – bitte –!"

Sie sahen nun die Minne zufrieden in der Sackmulde liegen. Da meinte Lucy: „Die hat wenigstens keine Feinde –! Und die ist auch nicht immer allein! Die hat wenigstens ihre Jungen –!"

„So alleine bist du nun auch wieder nicht! Und außerdem kann man

seine Schwierigkeiten nicht los werden, indem man ihnen aus dem Weg geht, Lucy! Weißt du – erkannter Feind ist halber Feind –!"
Lucy ließ die Schulter hängen und den Kopf auch.
„Da fällt mir etwas ein", lächelte Elisabeth, „ich werde es dir verraten! Du kannst ruhig in die Schule gehen. Morgen gibt es eine Überraschung! Ich habe das zufällig mitbekommen. Deine Schulkameradinnen werden morgen anderes zu denken kriegen. Es ist sehr wichtig, daß du hingehst!"

Das Gegenteil von einem Feind

Lucy ging zur Schule! Da war auf einmal ein neues Mädchen, das sie noch nie gesehen hatte. Der Lennard rief herüber: „Die ist ausgebombt! Die wohnt bei uns!" Das Mädchen stand verlegen in einer Ecke und wußte nicht recht, wo es hinschauen sollte. Es hatte auffallendes, feines, blondes Haar mit einem Rotschimmer darin. Die Mädchen kamen näher, und die Dina faßte dieses Lockenhaar an und sagte frech: „Sind die echt?"
„Freilich sind meine Haare echt", kam es schüchtern von dem Mädchen.
„Die Rothaarigen sind keine Guten", rief klein Elschen naseweis und entfernte sich. Die Lina fragte herausfordernd: „Mußt du dir jeden Abend die Haare in Wickeln drehen, weil sie so schön lockig sind?" Plötzlich sagte die Irmtraut:
„Neben mir sollst du nicht sitzen, das leid ich nicht. Bei mir wird nicht abgeschrieben!"
„Ich schreibe ja gar nicht ab!" sagte das Mädchen leise. Nun kam Lucy hinzu und fragte: „Wie heißt du denn?"
„Ich bin die Leni, das kommt von Magdalene! Und du? Wie heißt du?"
„Ich bin die Lucy! Mein Name wurde nach dem Tag genannt, an dem ich geboren bin! Ich bin nämlich am dreizehnten Dezember geboren, und meine Eltern haben gewußt, daß mein Name Licht bedeutet. Lucy heißt nämlich Licht! Mein Vater, der lebt nicht mehr. Er ist gefallen! Da hat meine Mutter bestimmt, daß ich Lucy heiße. Und dann habe ich noch eine Oma, die Bärbel-Oma, die wohnt in Darmstadt. Die hat auch gesagt, daß Lucy ein interessanter Name ist. Meine Mama findet Lucy schön, und ich finde Lucy auch schön!"
„Ich auch", sagte das neue Mädchen. Lucy freute sich und verkündete: „Ich werde die Lehrerin bitten, daß sie dich neben mir sitzen läßt!"

Lucy und Leni durften nebeneinander sitzen und waren von nun an unzertrennlich. Die Hänseleien der anderen Mädchen konnten ihnen nichts mehr anhaben.
Nach dem Zuzug von der Leni aus Bremen kamen noch insgesamt acht ausgebombte oder fliegergeschädigte Familien, die im Dorf einquartiert werden mußten. Da wurde es eng in den Häusern. Allein in Lucys Klasse waren neun Kinder dazugekommen. Sie kamen aus Bremen, wie die Leni, aber auch aus dem Rheinland, aus Düsseldorf, Neuss und Köln. Einige kamen aus Frankfurt, und aus dem nahen Darmstadt war auch ein Junge angekommen.
Notgedrungen, nicht zuletzt auch aus Raummangel, hielt die neue Lehrerin den Unterricht für vier Klassenstufen, die sich zu gleicher Zeit in ein und demselben Schulsaal aufhalten mußten. Das hatte Vorteile für die Kinder, denn die Lernmöglichkeiten waren dadurch größer. Der Lehrstoff des achten Schuljahres war beispielsweise schon dem vierten Schuljahr vertraut; und die Kinder vom achten Schuljahre konnten ihre Wissenslücken mit dem Lehrstoff der unteren Klassen so nebenbei ausfüllen. Die gesamte Schulatmosphäre der nun verhältnismäßig großen Klasse kam Lucy sehr zugute. Sie war nicht mehr so isoliert wie früher, weil sie nun nicht mehr alleine auf die einheimischen Kinder angewiesen war. Aber die Leni war nun die Freundin, die Lucy am nächsten stand.
Da stellte Lucy der Leni lachend die Frage:
„Weißt du, was das Gegenteil von einem Feind ist?"
„Na klar", schmunzelte Leni: „Ein Feund!"
Lucy ergänzte glücklich: „Und eine Freundin!"

Sind die Roten keine Guten?

Von nun an ging es Lucy wieder besser. Sie schrieb auch bessere Noten als seither. Und sie hatte eine Kameradin, die auch nach der Schule mit ihr spielen wollte. Von Minnes fünf Kätzchen waren schon vier gestorben. Übriggeblieben war das rote.
„Die Roten sind keine Guten", sagte nun auch Elisabeth. Da ärgerte sich Lucy, weil sie an die Leni denken mußte. Und das rote Kätzchen war so putzig und vorwitzig, daß Lucy so viel Freude daran hatte.
„Warum sind ausgerechnet die Roten keine Guten", wollte sie wissen. Elisabeth dachte nach, wußte aber nichts Genaues.

„Schon zu meiner Zeit", sagte sie, „sind die roten Katzen nicht geduldet worden. Man hat sie gleich nach der Geburt getötet. Das war in Darmstadt so und es ist im Odenwald genau so. Auch von den Menschen, welche rote Haare haben, hat man diese merkwürdige Angst."
„Das ist wieder mal ein Vorurteil von den Erwachsenen", meinte Lucy.
„Das stimmt", sagte Elisabeth nachdenklich, „es gibt da noch so ein Sprichwort, das heißt: Rotes Haar und Erlenholz wachsen auf keinem guten Boden."
„Und alle Sprichwörter stimmen immer?" wollte Lucy wissen.
„Ich glaube nicht – ich glaube eigentlich, daß man sich bei den Sprichwörtern immer die Weisheiten heraussuchen könnte, die einem am besten gefallen."
„Siehst du, nämlich – ich denke mir: ein Kätzchen kann doch nicht böse sein, bloß, weil es rothaarig ist. Dafür kann es doch nichts. Und die Leni kann bestimmt auch nichts dafür. Sie hat wunderschönes rotes Haar. Und sie ist eine echte Freundin und kein bißchen böse oder feindlich. Sie hat nur viel Angst. Auch vor den anderen Kindern. Und sie hat sich noch nicht eingewöhnt."
„Ja, die Leni, die ist bestimmt in Ordnung, das habe ich gesehen," meinte nun auch Elisabeth, und Lucy hatte eine Idee:
„Weißt du was? Ich werde der Leni das rote Kätzchen schenken! Wenn sie es haben will!"
„Das ist eine gute Idee, Lucy, wirklich wahr", lächelte Elisabeth. Lucy brachte Leni das Kätzchen. Lenis Mutter schimpfte ein bißchen wegen des Futters und so, aber dann gab sie doch nach. Lucy brachte manchmal etwas Milch von den Geißen hinüber. Auf einmal liebte die Mutter von der Leni das kleine Kätzchen auch. Sie hatten es „Fuchsie" genannt, der Farbe wegen.
Das Leben war nun schön für Lucy und Leni. Aber es sollte nicht so bleiben. Es war ja noch Krieg und seine fürchterlichen Auswirkungen machten sich auch auf den abgelegenen Dörfern bemerkbar.

Immer wieder feindliche Bomberverbände im Anflug

Inzwischen schrieb man das Jahr 1944. Der Sommer war fast vorbei. Die Menschen waren auf der Hut vor den feindlichen Flugzeugen. Schon wieder meldete der Rundfunk: Achtung! Achtung! Feindliche Kampfflugzeuge dringen ein in den Raum Mannheim-Würzburg! Vom Dorf her hörte man das gleichmäßige, hohe Summen dieser Flugzeuge. Es

Feindliche Bomberverbände entledigen sich ihrer totbringenden Last

Brennende Häuser in einer deutschen Stadt

hörte sich an wie eine beschwörende, unheimliche, grauenvolle, unabwendbare Melodie. Daran konnte man die Höhe erkennen. Das bedeutete keine Gefahr für die Odenwalddörfer. Meistens wurden die Städte bombardiert: Frankfurt, Darmstadt, Mannheim oder Würzburg. Für die Landbewohner waren nach wie vor die Tiefflieger am gefährlichsten. Die Menschen hatten aber auch hier ständig Angst. Sie hatten stets einen Koffer mit dem Notwendigsten gepackt, falls es nötig sein sollte und man sich retten mußte. Nachts wurde Lucy von ihrer Mutter öfters geweckt. Immer, wenn die feindlichen Flugzeuge von weitem zu hören waren, gingen sie in den Keller. Manchmal schlief Lucy ein in ihrer Kleidung, auf einem Stuhl oder in der Ecke neben den Einmachgläsern. Es gab nun fast jede Nacht Fliegeralarm. Es durfte kein Licht gemacht werden. Nicht ein winziger Schein durfte durch einen Fensterspalt hinausdringen. „Es ist, damit die Feinde uns nicht sehen können", erklärte Elisabeth. Eines Nachts zogen sie bei Alarm in den Keller des Nachbarn. Dort waren dicke Wände, weil es ein Weinkeller war. Die Leni war mit ihrer Mama auch da. Dort saß man dann gemeinsam und betete. Wenn die Flieger weitergezogen waren und man aufatmen konnte, wurde noch allerhand erzählt von brennenden Häusern, von Menschen, die darin umgekommen waren, und von Menschen, die nun kein Dach über dem Kopf hatten und irgendwo anders einquartiert werden mußten.

Denn wir sind ja die Feinde von unseren Feinden

Lucy hatte ein unwirkliches Gefühl der Spannung. Sie war in dieser Nacht hellwach. Die Erwachsenen wollten sich verabschieden und stiegen, jeder mit seinem Koffer in der Hand, aus dem Keller! Vom obersten Stockwerk aus rief die Nachbarin herunter:
„Kommt mal schnell alle hoch – es kracht – es rumpelt von weitem – ganz gewaltig – o Gott, die armen Menschen! Seht euch das an! Es brennt –!"
Alle stiegen nun hinauf ins Dachgeschoß, auch Lucy und Leni.
Gewaltig war der Anblick und unvergessen. Die dunkle Nacht im Hintergrund und dieser Himmel im Norden, dort, wo die Stadt Darmstadt liegt. So einen Himmel hatte Lucy noch nie gesehen. Rot war er, rot wie Blut! Es war nicht das sanfte Rot der Abend- oder Morgendämmerung, welches Lucy im Westen und im Osten schon gesehen hatte. Es war das

erste Mal, daß der Himmel im Norden rot war. Und das war nicht von der Sonne, das Rot. Es war das Feuer von den Feinden, wußte Lucy. Diese grelle, rotzuckende Fackel haben die Feinde angesteckt, damit sie die Menschen und ihre Häuser besser sehen und vernichten können. Denn, auch wir sind Feinde, wußte sie plötzlich. Dann schrie sie laut: „Die Feinde sind im Licht! Und wir sind ja die Feinde von unseren Feinden."
Die Leni weinte: „Das sieht aus wie Blut. So war es bei uns in Bremen, soviel Feuer; wie lauter Blut sieht das aus! Ich will nicht mehr hingucken! Ich gehe in den Keller zurück."
Nur mit Mühe konnte Lenis Mutter ihr Kind beruhigen und es ins Bett bringen.
Auch Elisabeth machte sich Sorgen. Sie sagte: „Darmstadt, o Gott, meine Eltern! Darmstadt – da bin ich aufgewachsen – und meine Eltern wohnen dort!"

Ernst-Ludwig-Straße
mit dem Weißen Turm

Luftschutzbunker in der Stadt

In der Darmstädter Brandnacht davongekommen

Wieder einmal kam die Kleinbahn, das „Odenwälder Lieschen" genannt, am Bahnhof an. Es stiegen einige Menschen aus, ohne Koffer, ohne Taschen, nur mit dem Notwendigsten bekleidet und mit starren Augen, so, als wären sie Puppen.
Lucy war mit ihrer Mutter am Bahnhof. Seit dieser Nacht mit dem roten Himmel waren sie jeden Tag am Bahnhof. Immer, wenn das Lieschen aus der Reinheimer Richtung kam. Meistens hatte es Verspätung. Das machte gar nichts. Viele Leute standen da und warteten auf Verwandte und Bekannte. Erwartungsvoll und ungeduldig standen beide, als die Bahn endlich mit einem müden Seufzer anhielt.
Gespannt und kreidebleich stand Elisabeth und starrte mit Lucy auf die Personen, die nun ausstiegen. Eine Frau hinkte dort. Lucy lief hin und

„Odenwälder Lieschen“ in Gersprenz

erschrak. Das war eine fremde, junge Frau mit einem unbekannten Gesicht. Aber dort, da lief noch jemand, das könnte die Oma sein. Schnell sprang Lucy hin und schrie: „Oma, da bin ich! Ist der Opa auch dabei?“

„Nein“, war die kurze Antwort und sonst kam nichts. Lucys Mutter hing nun der Oma am Hals und weinte. Die Oma war es schon, sah Lucy. Aber das war eine andere Oma als die, die sie kannte. Die Oma, die Lucy kannte, blickte immer fröhlich, hatte immer ein Lächeln bereit und wußte immer etwas Lustiges zu sagen. Lucy hörte, wie ihre Mutter fragte: „Ist er nicht mehr durchgekommen?“

„Nein“, sagte die Oma wieder und war wie versteinert. Sie hatte einen Rußfleck im Gesicht, eine Decke umgehängt, eine Handtasche und sonst nichts. Lucy weinte! Sie wußte nun, daß ihr lieber Großvater, der so schön erzählen konnte, daß der Großvater nicht mehr kommen würde. Nie mehr! Sie begriff das alles nicht so ganz, aber sie wußte, daß etwas Fürchterliches, etwas Unbegreifliches geschehen war. Sie brachten die Oma heim. Von nun an sprach die Oma kein einziges Wort. Lucy schlich wie ein trauriges Kätzchen in der Gegend umher und wußte

nicht, wie sie das alles einordnen sollte, weil die Mama ja auch nicht ansprechbar war. In ihrer Not lief sie zu ihrer Freundin, der Leni, und vertraute sich ihr an. Leni wußte schon einiges aus Erfahrung. Sie konnte es sich einigermaßen vorstellen, was da geschehen war.
„Sicher ist er dazwischen gekommen, irgendwo unter den Trümmern – er wird nun nie mehr zurückkommen", vermutete sie.
Genau wie der Vater von Leni dazwischen gekommen war, als er auf Fronturlaub daheim war – damals!

Die Bärbel-Oma findet ihre Sprache wieder

Die unruhige Zeit kroch dahin. Der Winter war noch nicht ganz vorbei und das Jahr 1945 hatte angefangen. Die Bärbel-Oma sprach noch immer nicht. Sie putzte und kochte und strickte schöne Pullover aus merkwürdigem, rauhem Garn. Sie hatte einen Zuckersack vom Bäcker ergattert, den sie Faden für Faden auseinandertrennte. Ein Gewebefaden des Sackes, der braune papierähnliche Sackfaden, war nicht verwendbar und mußte Reihe für Reihe abgeschnitten werden. Der andere Faden war weiß und sehr stabil aber auch ziemlich rauh. Diesen Faden trennte die Bärbel-Oma mühsam heraus und strickte daraus Kleidungsstücke. Sie war fleißig und umsichtig, aber immer noch blieb sie stumm. Zu schwer war das Erlebnis der Darmstädter Brandnacht gewesen, als daß die Erinnerung hätte verblaßt sein können.
Lucy kam weinend mit ihrer zerbrochenen Puppe zu ihr gerannt.
„Die Mama Elisabeth ist nicht da. Ich bin hingefallen. Mit der Huldapuppe. Siehst du, der Kopf ist hin – und die Beine sind auch zerquetscht! Meinst du, daß du die machen könntest?" „Mal sehen!" sprach die Oma und lächelte. Wahrhaftig – sie sprach. Mit großem

Strenge Strafe für Hasendieb

wh Nicht weniger als 20 Vorstrafen, meist wegen Diebstahls, „zieren" das Strafregister des 40jährigen B. aus Altheim, der am Samstag vor dem Amtsgericht stand. Diesmal blieben einige Stallhasen an seinen klebrigen Fingern hängen. Seine Braut und ein Freund erhielten wegen Hehlerei anstatt einer an sich verwirkten Gefängnisstrafe je 200 RM. Geldstrafe, während B. als rückfälliger Dieb ein Jahr sechs Monate Gefängnis einsteckte.

„DE" 9. Januar 1945

Wieder zwei „eifrige“ Schwarzschlächter

wh Man braucht sich nicht zu wundern, wenn die Fleischversorgung der Bevölkerung Schwierigkeiten macht, wenn immer noch Vieh schwarzgeschlachtet und das Fleisch verschoben wird. Zwei Einwohner von Viernheim, der Fleischermeister S. und sein Kumpan M., hatten innerhalb drei Monaten drei Kühe schwarzgeschlachtet und die willkommene „Zusatzverpflegung“ zum Teil selbst verzehrt, z. T. an die, die das Vieh „besorgt“ hatten, zum Dank für die „Gefälligkeit“ verschenkt, zum anderen Teil für teures Geld auf dem Schwarzen Markt verschachert. Der überdimensionale Appetit der Angeklagten dürfte allerdings stark gelitten haben, als sie jetzt von der Strafkammer des Amtsgerichts je ein Jahr Gefängnis und 3000 RM. Geldstrafe zudiktiert bekamen. Die „Mitesser“ der „Beute“ wurden mit geringeren Gefängnis- bzw. Geldstrafen belegt.

„DE“ 9. Januar 1945

Erstaunen und mit Freude hörte Lucy das. Dann wagte sie es, gleich einen Wunsch hinzuzufügen: „Oma Bärbel, liebe Bärbel-Oma, schau mal, das Bein ist schon ganz zerdrückt und verklebt mit Heftpflaster, die eine Hand von der Hulda ist ganz aufgeweicht – und da in ihrem Bauch, da war etwas – guck! Da hatte sie nämlich ein Geschwür! Ich habe ihr den Bauch aufgeschnitten und es herausgenommen. Siehst du? Hier sind zwei Porzellanscheiben mit einem Säckchen verbunden. Wenn ich diese Scheiben gegeneinander drücke, dann macht es ‚Mama!‘ In diesem Geschwür ist nämlich die Stimme von der Hulda drinnen. Könntest du vielleicht – naja – eine neue Puppe – machen?“
„Du hast vielleicht Ideen“, sagte die Bärbel-Oma leise.
Lucy schrie vor lauter Freude: „Kein Zweifel – du kannst wieder sprechen! Ach liebe Bärbel-Oma, das ist aber schön. War vielleicht dein Sprechapparat kaputt?“
„Ja, Liebes, mein Sprechapparat war kaputt und nun ist er wieder in Ordnung! Ich werde dir eine neue Puppe machen! Eine ganz und gar neue! Mit einem ‚Geschwür‘ wenn du willst, damit sie wieder ‚Mama‘ rufen kann.“
Irgendwoher hatte die Bärbel-Oma einen alten Unterrock, den sie in merkwürdige Formen schnitt. Dann nähte sie mit starkem Garn an diesen Stoffresten herum und plötzlich konnte Lucy eine Hose erkennen. Da schrie sie wieder vor Begeisterung: „Ha, du machst ja erst die Hose für die neue Puppe! Wo ist denn die Puppe erst mal geblieben?“
„Das ist keine Hose, sieh mal Lucy, das gibt einen Puppenkörper mit Beinen! So, nun darfst du beim Ausstopfen und beim Schnippseln helfen!“

Die Bärbel-Oma hatte lauter alte Lappen aus Stoffresten herbeigeholt und machte sich daran, sie in feine Schnippsel zu schneiden. Dann gab sie die Schere Lucy mit der Aufforderung, weitere Lappen abzuschneiden und fing mit dem Stopfen an. Bald waren zwei stramme Puppenbeine und ein rundlicher Puppenkörper zu erkennen. „Bevor ich den Kopf annähe, darfst du das ‚Geschwür' in ihren Bauch basteln. Damit sie ‚Mama' rufen kann", riet die Bärbel-Oma.
Lucy nahm den Puppenkörper in die Hand und überlegte. Dann meinte sie entschlossen: „Ich glaube – ich meine – ich möchte eigentlich der neuen Puppe doch lieber nicht das ‚Geschwür' einbauen!"
„Warum denn das?" wollte die Bärbel-Oma wissen.
„Weil – sie soll nämlich kein Mamakind werden! Eines, das dauernd Mama ruft, gefällt mir nicht. Sie soll kein Bobbelchen sein. Nein – eher – na ja, so wie eine Freundin, eine gute Fee oder so etwas Ähnliches!"
„Wie du willst", lächelte die Oma und legte das ‚Geschwür' beiseite.
„Die neue Puppe hat ja eine Glatze", stellte Lucy sachlich fest, als der Kopf nun am Puppenkörper befestigt war. Die Bärbel-Oma wußte natürlich, was da zu machen war. Sie hatte schöne gelbe Wolle; das gab dicke, blonde Zöpfe! Dann bekam der Kopf blaue Augen mit Hilfe von feinem Stickgarn, einen roten Mund und feine, braune Augenbrauen. Zuletzt nähte die Oma zwei goldglänzende Knöpfe an die Stelle, wo die Ohren zu vermuten waren. Lucy war begeistert! Sie hatte plötzlich die Vorstellung, daß die neue Puppe ein weißes Kleid haben sollte.
„Sie muß ein weißes Kleid haben", rief sie vor Entzücken.
„Und dazu einen Schleier!"
„Ach – du meinst ein Hochzeitskleid? Ganz in Weiß? Da mußt du aber bedenken, daß ein weißes Kleid leichter schmutzig wird! Außerdem wirkt das leicht kitschig!"
„Kein Kitsch! Sie erinnert mich dann an die gute Fee, die mich beschützt. Irgendwie brauche ich die nämlich, bitte!"
Die Bärbel-Oma konnte wohl ein bißchen zaubern. Am nächsten Tag saß die Puppe fix und fertig auf Lucys Bett. Die Lappenpuppe sah aus wie das Bild, welches Lucy manchmal erschien: In weiße Spitzen gehüllt mitsamt dem Schleier war es die gute Fee selbst, die allein mit ihrer Anwesenheit Kraft und Selbstvertrauen verkörperte.
Lucy meinte dankbar: „Ich habe es gewußt! Die neue, wunderbare Lappenpuppe von der Bärbel-Oma braucht überhaupt kein eingebautes

‚Geschwür', um sprechen zu können. Ich verstehe sowieso, was sie zu sagen hat! Gerade jetzt sagt sie: ‚Hauptsache, der Bärbel-Oma ihr Sprechapparat ist wieder in Ordnung'!"

Sechs Wochen eingesperrt

Die Bärbel-Oma hatte Halsweh! Schlimmes Halsweh mit Fieber! Der Doktor wurde gerufen. Der machte ein bedenkliches Gesicht, als er der Oma in den Hals geguckt hatte. Er fragte Lucys Mutter: „Frau Rath, ist die Lucy gegen Diphterie geimpft?"

Elisabeth wußte es nicht so genau, weil Lucy einige Impfungen hinter sich hatte.

„Im Zweifelsfalle sollte Lucy so schnell wie möglich aus dem Haus – eure Oma hat die Diphterie. Das kann schlimm werden. Sie können sie auch bekommen – die Diphterie ist eine gefährliche Krankheit. Sie ist im Augenblick euer größter Feind", sagte er.

Lucy sollte aus dem Haus, zu Verwandten. In die Schule durfte sie vorläufig auch nicht gehen. Es mußten die Verwandten gefragt werden. Da kamen nur die Gailsfritze in Frage. Das waren entfernte Verwandte und sie wohnten am anderen Dorfende.

Die Gailsfritze sagten, sie hätten keinen Platz zum Schlafen übrig und auch sonst wäre es sehr eng im Hause.

Elisabeth war enttäuscht und weinte. Lucy tröstete sie: „Das macht doch nichts", sagte sie, „wie bin ich so froh, daheim bleiben zu können. Außerdem meine ich, daß ich gegen Diphterie geimpft bin."

Elisabeth wurde am nächsten Tag wieder vom Arzt gefragt, ob Lucy nun aus der Gefahrenzone gebracht worden sei. Sie traute sich jedoch nicht zu sagen, daß das mit den Gailsfritze nicht geklappt hatte. Sie sagte lahm:

„Es wird schon alles gut werden."

Lucy stand im Nebenzimmer hinter der Türe, um der Mutter die Peinlichkeit zu ersparen. Sie konnte auf einmal ein albernes Gekicher nicht zurückhalten. Sie hatte eine merkwürdige Vorstellung. Sie sah die gute, weiße Fee! Sie sah, wie sie lachte und den Verwandten die Zunge herausstreckte. Das war wirklich zu komisch! Und deswegen kicherte sie.

Da ging die Türe auf und der Kopf des Doktors beugte sich herein. Er sah Lucy dastehen und vor sich hinlachen.

„Alles klar", sagte er zu Elisabeth und schloß die Türe.

„Ich hoffe, daß sie zurechtkommen! Sie dürfen das Haus nicht verlassen! Sechs Wochen lang nicht! Auch nicht zum Einkaufen! Lucy darf selbstverständlich sechs Wochen lang nicht zur Schule gehen! Ich komme morgen wieder!"
Der Bärbel-Oma ging es schlecht! Sie hatte hohes Fieber und phantasierte. Lucys Mutter machte dauernd Umschläge. Sie saß fast nur am Bett der Oma. Aber es mußte etwas gekocht werden! Das tat Lucy mit den Anweisungen ihrer Mutter im Hintergrund. Brot war keines mehr da und Haferflocken auch nicht. Lucy hatte eine Idee! Sie stellte die Einkaufstasche mit einer Bedarfsliste an das Gartentürchen und wartete am Fenster, bis die Schulkinder vorbeikamen. Der Leni rief sie dann zu: „Leni, ich darf sechs Wochen lang nicht in die Schule! Wir haben Diphterie! Ich bin unter Quarantäne! Sei so gut und hole uns die nötigen Sachen, die wir brauchen. Die Tasche mit Geld und dem Einkaufszettel steht unten an der Gartentüre! Stelle sie dort wieder hin, und komme ja nicht herauf, wegen der Quarantäne, weißt du?"
Die Leni rief nun:
„Was ist denn das? Quarantäne?"
„Das ist eine vorübergehende Isolierung, hat der Doktor gesagt. Wir sind jetzt wie eingesperrt. Sechs Wochen lang dürfen wir das Haus nicht verlassen. Damit wir niemand anstecken können, weißt du!"
„Könnten wir dann auch krank werden?" fragte die Leni.
„Ja, das ist es gerade. Die Diphterie ist sehr gefährlich. Man kann daran sterben. Der Hals wird ganz eng und dann bekommt man keine Luft mehr. Das hat der Doktor gesagt. Deswegen ist die Diphterie unser schlimmster Feind, im Augenblick. Ich habe zu den Gailsfritze gesollt, damit die Diphterie mich nicht erwischen kann – und weil die Gailsfritze unsere Verwandte sind. Aber die haben mich nicht gewollt. Sie sagen, sie hätten kein Platz übrig. Na ja, ich finde das aber feindlich von denen."
„Vielleicht haben sie Angst vor der Krankheit", meinte Leni und dann rief sie fröhlich:
„Ich bin nicht feindlich zu dir! Ich bin deine Freundin und ich werde euch alles bringen, was ihr so braucht!"
Nach einer Woche etwa hatte Elisabeth plötzlich Halsweh und war käsebleich. Die Bärbel-Oma hatte auch noch Fieber und fror dauernd. Da übernahm Lucy plötzlich das Kommando. Sie sagte:
„Geh ins Bett, Mama, ich bringe dir heißen Tee!"

Die Oma stöhnte, als sie merkte, daß nun auch die Mutter noch krank wurde. Lucy kochte Tee und Haferschleim.
Zwischendurch holte sie die Einkaufstasche an der Gartentüre und winkte der Leni.
Das war eine harte Zeit für Lucy. Am schlimmsten waren die Fliegerangriffe. Lucy ging nicht in den Keller. Nachts schlief sie wie ein Murmeltier und tagsüber, wenn die Tiefflieger über das Dorf knatterten, warf sie sich mitten in der Küche auf den kalten Steinboden. Niemals blieb sie neugierig am Fenster stehen. Sie hatte gehört, daß eine Frau am Fenster von einer Kugel getroffen und schwer verletzt worden war.
Eines Tages hatte die Bärbel-Oma fast kein Fieber, aber sie konnte ihre Arme nicht bewegen. Sie redete zu Lucy:
„Deine Mutter hat noch ziemlich Halsweh, ich weiß, was hilft! Endlich kann ich es sagen. Laß dir Lehm bringen, einen ganzen Eimer voll, von dem aus der Grube. Denselben Lehm, den man für Backsteine nimmt!"
Lucy schrieb also auf ihren nächsten Einkaufszettel die Bitte um einen Eimer Lehm aus der Grube.
Leni besorgte Lehm. Sie schleifte einen ganzen Eimer voll herbei. Der Lennard vom Nachbarn half ihr beim Tragen. Lucy nahm ein dünnes Handtuch und verteilte den gelben Matsch gleichmäßig in die Mitte. Dann rollte sie es zusammen und wickelte diesen Lehmschal der Mutter um den Hals. Die ganze Angelegenheit wurde von der Bärbel-Oma vom Bett aus dirigiert. Immer, wenn der Lehm ausgetrocknet war, wurde er fest, dann mußte der Verband gewechselt werden. Aber die Mühe lohnte sich. Als der Doktor kam, schmunzelte er Lucy zu, als sie gerade den Verband wechselte. „Das kann nicht schaden", sagte er, und: „Ich glaube, du bist doch gegen Diphterie geimpft!"
Manchmal kam die Gemeindeschwester und half, die Kranken zu betten und zu versorgen. Dann war der Oma ihr Hals in Ordnung und sie konnte täglich etwas aufstehen; aber ihre Arme waren gelähmt. Von nun an kam die Schwester täglich und massierte der Oma ihre Arme. Sie hatte dazu einen elektrischen Apparat. Nur ganz langsam konnte man eine leichte Besserung erkennen. Lucys Mutter ging es auch schon wieder ganz gut. Inzwischen waren acht Wochen vergangen! Lucy bekam keine Diphterie! Die Krankenschwester räucherte nun die Räume aus. Auch die Kleider, die herumlagen, wurden beräuchert, damit keine Bazillen mehr Unheil anrichten könnten. Lucy wurde aus der Quarantäne entlassen. Sie durfte wieder in die Schule gehen. Das hatte der Doktor

bestimmt. Er klopfte ihr anerkennend auf den Rücken und meinte: „Jedenfalls – diesen Feind haben wir besiegt! Und du – du hast dabei entscheidend mitgeholfen!“

Von Feinden umzingelt – von Freunden beschützt

Ende März ging der Krieg seinem Ende entgegen. Die Angst der Menschen war aber noch vorhanden, wußte man doch nicht, was bevorstand, wenn die Feinde erst einmal im Land waren. Die Panzer der Amerikaner rollten ins Tal. Es war in der Osterwoche und Lucy hatte eigentlich keine Angst. Alle Familien und Nachbarn waren, soweit sie nicht an der Front sein mußten, zu Hause. Niemand war allein oder gar auf dem Feld. Jeder hatte ein offenes Haus und ein offenes Herz für die Probleme des anderen. Not und Angst ließen ein neues Zusammengehörigkeitsgefühl entstehen. Zwei Nachbarn, die schon jahrelang nicht mehr miteinander geredet hatten, sprachen plötzlich wieder miteinander. Die Bauern verteilten Milch, Brot und sogar Schinken an Menschen, die nichts zu essen hatten. Sie dachten, ihr letztes Stündlein hätte geschlagen, wenn die Amerikaner kommen. Man hörte schon das Schießen der Flak und der feindlichen Kanonen ganz in der Nähe und Aufregung herrschte überall.

„Vorsicht, Du betrittst feindliches Land“

Man hatte Angst vor der Verteidigung, denn es war bekannt, daß auf dem Berg ein Trupp junger Burschen lag, mit Panzerfäusten und anderen Waffen, um die Menschen auf dem Land zu schützen, wie es der Führer befohlen hatte. Es war aber auch bekannt, daß dieses Schützen ein Spiel mit dem Tod war, denn unschuldige Landbewohner und ihre Häuser waren unnötigerweise gefährdet, weil die Feinde selbstverständlich in der Überzahl waren und sich wehrten.
Lucy wußte, daß die jungen Soldaten in den Schützengräben lagen, die der Volkssturm* kürzlich ausgehoben hatte.
Auch die Männer vom Volkssturm befanden sich dort oben, irgendwo auf dem Berg. Das schien die Menschen im Dorf zu beruhigen.
Sie erinnerte sich an die schönen, alten Eßkastanienbäume, die extra gefällt worden waren, um als zusätzliche Sperren für die Panzerfahrzeuge der Amerikaner eingesetzt zu werden. Zum Glück haben sie auch noch ein paar stehen lassen, daß man noch Kischdel lesen kann, dachte sie.
Und sie mußte daran denken, wie sie neulich in so einen ausgehobenen Graben gehüpft war, um den wunderschönen Feuersalamander, der dort herumkroch, ganz genau aus der Nähe bewundern zu können. Sie erinnerte sich an das Gespräch mit dem Erwin. Der hatte nämlich dabei gestanden und hatte gezielt über das tiefe Loch gespuckt, bevor er lauthals verkündet hatte: „Deckungsgraben – Panzersperre!“
Dann hatte er die Fäuste in die Hüfte gestemmt und angegeben:
„Vielleicht helfe ich auch noch!“
„Was willst du helfen?“
„Den Feind fertigmachen! Was sonst! Ich könnte beim Volkssturm helfen! Ich werde im September ja schon fünfzehn. Mein Opa ist auch dabei! Sie haben Panzerfäuste und noch andere Waffen. Ich würde mich dort in den Hecken – siehst du – dort würde ich mich verstecken – und dann – bum Knall – vallera – da würden die Fetzen nur so fliegen – der Feind käme bei mir keinen Schritt vorwärts. Jawohl, ich würde kämpfen für Führer, Volk und Vaterland!“
„Dort in den Hecken? Das sind Brombeerhecken –!“
„Na und? Für Führer, Volk und Vaterland, da macht man alles!“
„Und du würdest schießen?“
„Na klar – mit einer Panzerfaust!“
„Aber – das ist doch gefährlich –! Du bist doch kein Soldat!“
„Na wenn schon! Ich brauch bloß mit meinem Opa zu gehen. Der ist ja beim Volkssturm ausgebildet. Da wird man vorbereitet. – Nur – meine

Mama und meine Oma, die lassen das nicht zu! Die sagen, daß unser Führer ganz bestimmt den Krieg auch so gewinnt! Auch ohne mich! Das ist natürlich blöd!"

„Wir kapitulieren nie!" steht an der Mauer!
Gott sei Dank wurde diese Meinung öfters schnell geändert.

„Der Helmut – der Mama ihr Freund, der war froh, daß er nicht in den Krieg gemußt hat. Der wollte nämlich nicht schießen. Aber er hat wegen seinem Fuß nicht in den Krieg gebraucht. Weil sein Fuß immer schlimm ist und nicht heilen kann, deswegen haben sie ihn nicht eingezogen!"
„Das weiß ich! Und nun muß er doch noch seinen Mann stehen! Sie haben ihn schon eingeteilt! Beim Volkssturm! Er hat auch schon eine Feuerwaffe bekommen."
„Ja, er soll uns verteidigen, der Helmut."
„Da muß er aber erst mal lernen ‚Heil Hitler' zu sagen! Das hat er ja bis

heute noch nicht gelernt! Und wenn er das dann noch nicht sagt, dann wird er angezeigt."
„Angezeigt?"
„Ja, angezeigt! Oder noch schlimmer! Wenn er nämlich dann noch nicht pariert, dann können sie ihn fort tun – ins KZ* – das erledigt die Gestapo nämlich!"
„Ins KZ? – Da kommen doch die Juden hin!"
„Nicht nur die Juden! Auch die Leute, die nicht parieren wollen! – Nicht ‚Heil Hitler' sagen – keine Hakenkreuzfahne heraushängen – kein Führerbild in der Wohnung haben – und so weiter –! Ich weiß Bescheid! Ich bin ja schon bei der Hitlerjugend. Neben uns wohnt der Ortsbauernführer! Den kannst du ja mal danach fragen, wenn du es mir nicht glauben willst."
„Dann ist der Ortsbauernführer dem Helmut sein Feind! Aber der Helmut ist doch unser Freund – das weiß ich doch!"
„Dann muß er auf die Amerikaner schießen – sonst ist er ein Verräter! Und ein Feind des Volkes"! Heil Hitler, Lucy", hatte der Erwin gerufen, während er die rechte Hand zum Führergruß emporschnellen ließ und dabei die Hacken zusammenknallte, daß es sich angehört hatte wie Kanonendonner.

Deutsche Zivilbevölkerung begrüßt die „Amis"

Die Nacht der Kapitulation

Kanonendonner knallte nun auch in Lucys Erinnerungen. Kein Zweifel – die Erwachsenen waren aufgeregt. Es war die Nacht, als die Amerikaner schließlich kamen. Lucy war mit Elisabeth und der Bärbel-Oma im Gewölbekeller der Nachbarn. Die Leni saß mit ihrer Mutter hinten in der Ecke, auf einer Weinkiste. Sie weinte immerzu, und sie fror vor lauter Angst. „Hoffentlich brennt es nicht", sagte sie immer wieder, in Erinnerung an die schlimmen Erlebnisse der Bremer Bombennächte. Dann war da noch die Frau des Hauses. Sie hielt einen Apfelweinkrug in der einen Hand und ein Glas in der anderen und versuchte, nicht zu zittern, während sie einschenkte. Neben Lucy kauerte der Lennard, der schon zwölf war.

„Ich habe auch ein bißchen Angst – hoffentlich erschießen sie uns nicht", sagte er und rückte bereitwillig zur Seite.

Wir kapitulieren gerne

Sie saßen auf einem hölzernen Gestell, welches für Obstlagerung bestimmt war. Neben Lucy war direkt auf den Brettern ein wunderschönes Bett zurecht gemacht, mit einer dicken Daunendecke. Darin lag der Hausherr und sie sagten, daß er krank sei. Er hatte tatsächlich einen breiten Schal um den Hals gewickelt. Lucy mußte dauernd an die dicke Daunendecke denken, denn sie war so müde, und sie beneidete den Hausherrn um sein Lager. Später erst erfuhr sie, daß der Hausherr vom Fronturlaub nicht zurück gewollt hatte und sich deswegen versteckte. Das konnte man verstehen, denn man rechnete mit Erschießungen.
„Seine eigenen Kameraden hätten ihn erschießen können, wegen Feigheit vor dem Feinde und Verrat am Vaterlande", hatte der Lennard gewußt. Alle hatten Angst. Deshalb wurde viel erzählt. Da war die Rede von weißen Bettüchern, die man aufhängen wollte, weil sie ein Symbol waren, ein Zeichen für Kapitulation. Das heißt: Aufgeben. Wir ergeben uns! Nicht schießen!
Nun donnerte es wieder. Und wie! Es war bis in den tiefen Gewölbekeller zu hören. Zuerst kam ein kurzes, scharfes Zischen, dann ein Pfeifen – man konnte die Sekunden zählen und hielt den Atem an – dann der Einschlag.
Elisabeth rannte mit Lenis Mutter die Kellertreppe hinauf – öffnete die Kellertüre. Da konnte man von draußen sprechen hören. Es waren die Nachbarn, die sich kurze, aufgeregte Mitteilungen machten:
„Drüben beim Hofbauer brennt es auch – zurück – keiner darf auf die Straße – sie kommen – nicht schießen – nicht schießen – –!"
„Was müssen die auch schießen, die Idioten – wir können die doch nicht aufhalten –". Das war der Hausherr, der sich plötzlich aufsetzte, um sich den Schweiß von der Stirn zu wischen.
Oben wurde die Kellertüre zugeschmissen. Lenis Mutter kam heruntergerannt, fiel hin, rappelte sich auf mit blutigem Knie, rannte zu der schreienden Leni. Elisabeth kam auch die Treppe herunter, zögernd und langsam. Sie war nicht allein. Hinter ihr stapfte hocherhobenen Hauptes der Luftschutzwart. Er hatte ein Gewehr in der Hand, den Finger am Abzug.
„Tu das Gewehr weg! Hier wird nicht geschossen!" rief die Frau des Hauses und stellte ihren Apfelweinkrug zum ersten Mal aus der Hand. Normalerweise hatte ein Luftschutzwart die Aufgabe, nach Einbruch der Dunkelheit und bei Gefahr des Nachts seinen Bezirk abzulaufen, um zu sehen, ob eine absolute Verdunkelung der Häuser erfolgt war. Nicht

Deutsche Offiziere ergeben sich

eine Lichtritze durfte durchschimmern, damit kein Bombenziel sichtbar war. So ein Luftschutzwart sollte die Menschen darauf hinweisen, beizeiten in die Keller zu gehen, Eimer mit Wasser bereit zu stellen, alles brennbare Material, Petroleum, usw. aus den provisorischen Luftschutzräumen zu schaffen. Kurz, er war als umsichtiger Helfer und Berater für Notfälle ausgebildet.
Der Luftschutzwart kam nun mit einem Gewehr und überschätzte außerordentlich seine ihm zugedachte Pflichtübung. Die Frau fragte:
„Was machst du überhaupt da draußen?"
Irritiert nahm er das Gewehr zur Seite und berichtete hastig:
„Ich habe sie gesehen – sie kommen – die Panzer – drei Stück – sie sind schon über die Brücke – ich habe auch geschossen – die schießen ja zurück –."
„Du hast geschossen?" sagte die Frau mit drohender Stimme.
„Verdammtes Pack – die Scheune brennt – und das Wohnhaus vom

Eckbauer – da haben sie hineingeschossen, die Amis mit dem Panzer –"
Er hatte sich in Wut geredet und dabei schon wieder sein Gewehr in Anschlag genommen.
Die Frau des Hauses war eine ruhige, sanfte Person. Normalerweise. Deswegen wunderten sich nun alle über ihren starken Ausbruch und ihr entschiedenes Verhalten.
„Du verdammter Schwachkopf!" schrie sie und grabschte ihm voller Wut das Gewehr weg. Sie legte es überraschend sanft hinter sich auf das Apfelbett, als sie sagte: „Solange du dich bei uns im Keller aufhältst, solange bestimme ich, daß hier nicht geschossen wird!"
Plötzlich wurde der Hausherr hellwach. Er setzte sich auf, schob den Schal von seinem Mund weg und schrie aus Leibeskräften:
„Das Gewehr! Es darf keine Waffe hier herumliegen! Wir werden alle erschossen, wenn sie es finden. Und ein Nazi ist er auch noch – wir müssen den Kerl aus dem Keller schaffen!"
Wie lebendig der Hausherr auf einmal war! Er hüpfte aus dem Bett und sucht seine Schuhe.
„Er hat recht", meinte Elisabeth. Dann befahl sie: „Luftschutzwart – verlasse schleunigst unseren Keller. Du gefährdest uns!"
„Nimm dein Gewehr und geh!" sagte die Bärbel-Oma.
„Warum hast du auch dein Floppert mitgenommen?" schimpfte der Lennard.
„Raus – raus mir dir", drohte die Hausfrau. Sie hatte auf einmal einen Pickel in der Hand und schwang ihn drohend gegen den Luftschutzwart, der dann zögernd und schimpfend auf der Treppe stehen blieb.
„Der Verräter liegt im Bett – da muß man ja den Krieg verlieren – wenn ich dich verwische – na warte –", keifte er vor sich hin.
Die Frau kam noch mehr in Wut. Während ihr Mann seine Schuhe suchte, stubste sie den Luftschutzwart schließlich die Treppe hoch bis vor die Kellertüre. Dort trat sie ihm kräftig in den Hintern, warf ihm das Gewehr an den Kopf und schob den Innenriegel vor.
Aufregung herrschte weiterhin im Keller. Der Hausherr saß barfuß auf dem Daunenbett und schrie vor Lachen: „Das hast du wunderbar gemacht! Das hätte ich dir nicht zugetraut, Lisa! Ich hätte nicht gedacht, daß ich heute noch lachen müßte, ha, ha, ha, ... Das werde ich in meinem ganzen Leben nicht vergessen, ha, ha, ha, ..."
Er hatte schließlich einen Lachkrampf bekommen und konnte nicht mehr aufhören. Da nahm die Hausfrau den Apfelweinkrug und schüttete

ihn direkt in sein Gesicht. Das half. Nun lag er wieder ganz ruhig unter seiner Decke.
Die Sorge um das Verhalten des Luftschutzwartes war weiterhin spürbar.
„Hoffentlich stellt er nichts an mit seinem Gewehr", seufzte die Bärbel-Oma.
„Hoffentlich verrät er meinen Mann nicht", zürnte die Hausfrau.
„Hoffentlich erwischen sie ihn", sagte der Lennard zweideutig.
Und die Lucy meinte: „Also, unser Freund ist der bestimmt nicht!"

Am Tag, als der Ami kam

Die Bärbel-Oma hatte Lucy aufgeweckt: „Lucy aufstehen! Die Amerikaner sind da. Wir gehen in unser Haus. Ich habe schon nachgesehen. Es ist alles in Ordnung. Sie sind da!"
Das Auffallenste, was Lucy zuerst sah, waren die weißen Tücher, die an den Häusern wehten. Sie wußte ja, was sie für eine Bedeutung hatten.

Endlich sind sie da

Aber sie wunderte sich, sie an den Häusern zu sehen, an denen vor noch gar nicht langer Zeit so schöne, rote Fahnen mit schwarzem Hakenkreuz auf weißem Grunde lustig im Wind geflattert hatten.
Es roch nach Rauch. Dann sah sie die abgebrannte Scheune von weitem. Eine Frau von der Hintergasse rief herüber: „Sie haben ihn kassiert! Den Luftschutzwart. Und die jungen Soldaten haben sie auch gefangen und abtransportiert!"
Elisabeth schrie zurück: „Der Volkssturm – Ist denen etwas passiert?"
„Nein, nein – wir haben uns verdrückt. Wir haben nicht geschossen", rief es halblaut um die Ecke und herangehumpelt kam der Helmut. Er hatte ein rußiges Gesicht und blitzend weiße Zähne.
„Wir haben den Luftschutzwart festgehalten, weil der geschossen hat. Er ist daran schuld, daß der Panzer hereingeschossen hat. Wir haben beim Löschen geholfen. Sonst wäre das Wohnhaus auch noch abgebrannt", sagte er.
„Tote?" fragte die Bärbel-Oma.
„Im Ort nicht, aber oben auf dem Berg. Da haben so ein paar Wahnsinnige gemeint, daß sie die Amis aufhalten könnten. Nun hört euch das mal an –! So etwas – so ein rollendes Heer ist doch nicht aufzuhalten – von wegen Panzersperre – daß ich nicht lache!"
Nun hörte Lucy es auch. Das gleichmäßige, ununterbrochene Rollen der schweren Armeefahrzeuge. Sie rollten die oberste Chaussee hinauf, Richtung Michelstadt – Erbach.
„Es ist Ausgangssperre, geht am besten ins Haus", meinte der Helmut und schnallte Lucys Rucksack fest.
Plötzlich rannte ein amerikanischer Soldat in den Hof und hinderte die Kellerbesucher am Fortgehen. Da sah Lucy ihren ersten „Feind" aus der Nähe. Sie wunderte sich und war überrascht! Aber nicht wegen des furchterregenden Gewehrs, welches er in seinen Händen hielt, sondern wegen seiner himmelblauen Augen!
Geschmeidig wie eine Katze lief der Soldat, Gewehr im Anschlag, aus der Scheune, quer durch den Hof auf die Kinder zu und blieb stehen. Was er sagte, konnte Lucy nicht verstehen. Aber sie war fasziniert von seinen blauen Augen! Die waren ja genau so blau wie die Augen vom Helmut und die vom Herrn Pfarrer! Das konnte doch nicht wahr sein! Einen Feind hatte sie sich anders vorgestellt. Jedenfalls nicht mit solchen blauen Augen! Lucy war fassungslos und wollte wissen, ob dies wirklich ein echter Feind sei! Irgendwie schien ihr das Gewehr fehl am Platze.

Amerikanischer Komandant nimmt mit militärischem Gruß die Kapitulationsmeldung des deutschen Offiziers entgegen. Mit spontanem Gruß der Gewohnheit reagiert der übergebende Offizier ausgerechnet mit der Heil-Hitler Geste.

Die Bärbel-Oma sagte, dies wäre ein amerikanischer Soldat und auf Eiersuche in der Scheune. Lucy wunderte sich schon sehr!
Erst viel später erfuhr sie, daß in dieser Scheune, ganz oben unter dem Dach, zwischen dem Heuhaufen und der Bodenluke, ein deutscher Soldat versteckt war. Einer, der selbst kein Feind sein wollte und keinen Feind töten wollte. Die Bärbel-Oma hatte dazu gemeint: „Der amerikanische Feind hat zum Glück für uns alle, seinen deutschen Feind nicht entdeckt."
In den nächsten Tagen wurden einige Familien ausquartiert. Es betraf zunächst die Menschen, in deren Häusern Telefonanschluß war. Mit dem Notwendigsten wurde auf die Schnelle umgezogen. Kinder liefen dazwischen und halfen, wo es ging. Auch Lucy und Leni waren dabei. Es war ein Durcheinander. Betten, Kleider, Geschirr und Kabelrollen lagen

wirr in allen Ecken. Ein feiner Zigarettenduft hing in der Luft. Lucy fand ein Stückchen weiße Seife auf dem Fußboden, angebraucht und ein bißchen schmutzig. Niemand wollte es haben. Es roch herrlich! Lucy bewahrte dieses Stückchen amerikanische Seife lange Zeit wie einen kostbaren Schatz. Mitten in dem Durcheinander erschien plötzlich eine weinende Frau mit zwei verstörten Buben an der Hand. Ihr Fotoapparat war verschwunden, und Fotoapparate mußten an die Amerikaner abgegeben werden. Bei Nichtbefolgung dieses Befehls hatten sie mit Erschießung gedroht. Die Frau war verzweifelt und rechnete mit dem Schlimmsten. Die Sache ging gut aus. Wer der Frau damals aus der Not geholfen hatte, hat man später nicht mehr erfahren. Lucy war zehn Jahre alt, und sie stellte sich die Frage, was das alles bedeutete. Sie hatte plötzlich die Erkenntnis: Da stand die schwarze Fee; über allen Menschen stand sie, böse und mit gekreuzten Armen, und sie hatte ein Wort auf den Lippen. Das hieß: „Krieg“!

Die Einquartierung

Ein amerikanischer Kommandant besetzte mit seinen Soldaten das Haus der Ackerfritze, weil sich dort ein Telefonanschluß befand. Das Haus war am Ortsrand gelegen und es war ziemlich groß. Besonders jetzt, wo es fast leergeräumt war. Alle größeren Kinder halfen beim Umzug. Einige Schränke voller Kleidung und das feine Geschirr durfte Lucy in Kisten verpacken, auf den Handwagen laden, um es daheim in Elisabeths Keller aufzubewahren. Die Schlafdecken und Kissen übernahm die Bärbel-Oma und brachte sie, auf den Schubkarren geworfen, in die gute Stube von Elisabeth. Es mußte alles sehr schnell gehen, denn der Kommandant hatte es eilig. Die drei Personen von Ackerfritze wohnten nun zusammen bei ihrer Base, der Elisabeth, im selben Hause. Ein bißchen eng war es nun schon. Man mußte sich eben einschränken. Es war ja nur vorübergehend, das wußten sie.
Lucy mußte lachen. Es war sicher nicht recht, daß sie lachte.
„Wer hätte das gedacht“, sagte sie und konnte eine gewisse Schadenfreude nicht verbergen. „Für mich hatten sie keinen Platz, damals – als wir die Diphterie hatten!“
Elisabeth drohte mit dem Finger: „Sei nicht so vorlaut, sonst sage ich es dem Kommandanten!“
Lucy wußte, was der ganzen Familie zugute kam. Es war die Tatsache,

Die Innenstadt von Bensheim (obere Hauptstraße)

daß die Mama Elisabeth Englisch sprechen konnte. Immer, wenn es Mißverständnisse gab zwischen der Besatzung und den Bürgern, wurde Elisabeth geholt. Dann konnten die Angelegenheiten schneller geklärt werden, weil sie das Englische ins Deutsche übersetzen konnte. Dafür brachte sie Lebensmittel mit nach Hause. Amerikanische Lebensmittel: Dosenfleisch, Pulverkaffee, sogar Kaugummi und Schokolade. Hin und wieder war Elisabeth auch dort zum Saubermachen! Und hin und wieder brachte sie die begehrten amerikanischen Zigaretten mit nach Hause. Lucy mußte nicht mehr hungern. Auch die Bärbel-Oma freute sich über die Bereicherung des Speisezettels. Aber die Ackerfritze, die ja zwangsevakuiert worden waren, die guckten mit schrägen, feindseligen Blicken auf Elisabeth. Obwohl so manches Essen mit ihnen geteilt wurde, hörte man da kein freundliches Wort, geschweige denn ein Dankeschön. Im Gegenteil! Bald entstand in dieser erzwungenen Gemeinschaft ein böses Wort. Es hieß „Amischlippchen!" Und gemeint

war damit Elisabeth. Lucy nahm das nicht so tragisch. Aber Elisabeth selbst und die Bärbel-Oma waren sauer. Sie waren empört und nun herrschte überhaupt keine gute Stimmung mehr im Hause. Zum Glück dauerte diese Einquartierung nur noch wenige Tage. Elisabeth atmete auf, als die Amerikaner nun bestimmte eigene Quartiere mit Kabelanschlüssen und allem drum und dran eingerichtet hatten und die beschlagnahmten Häuser räumten. Sie meinte dann: „Die Ackerfritze, das hätte ich nicht gedacht – das sind doch unsere Verwandten – meine Cousine ist das doch – daß die so feindselig sind! Das sind ja Feinde in der eigenen Verwandtschaft! Da kann man mal sehen!"
Lucy half bereitwillig, alles zurückzubringen, was sie vor einer Woche von dort ausräumen mußten. Sie hielt sich schweigend zurück, als die Frau sagte: „Naja, du kannst ja nichts dafür! Paß nur auf, daß du nicht auch so eine wirst wie deine Mutter Elisabeht!"

Wegen der Einquartierung der Amerikaner müssen die Hauseigentümer vorübergehend umziehen.

Was wohl der Helmut sagen wird?

Das sage ich dem Helmut, dachte Lucy und rannte in die Hintergasse, wo der Helmut wohnte. Er kam gerade aus dem Holzschuppen gehumpelt, in der Hand einen Korb voll Holz vor sich hertragend und im Mund eine Zigarette haltend. Eine duftende Zigarette! Eine Amerikanische von der Mama, dachte Lucy. Sie stellte sich vor den Helmut und sagte: „Sie sagen – die Ackerfritze sagen, daß ich nicht so werden soll wie meine Mutter Elisabeth. Sie sagen zu ihr: Amischlippchen! Sagst du das auch?"
„So etwas sage ich nicht", sagte der Helmut. Er nahm vorsichtig die Zigarette aus dem Mund und betrachtete sie aufmerksam. Dann meinte er: „Deine Mutter ist keine Schlechte, ganz bestimmt nicht! Und wenn sie will, kann sie jederzeit zu mir ins Haus ziehen und bei mir wohnen und du darfst auch mit, und die Bärbel-Oma darf auch mit, wenn sie will. Und das alles, weil deine Mama Elisabeth keine Schlechte ist!"
„Aha", sagte Lucy, „das habe ich gleich gewußt, daß die lügen! Nächstens lasse ich das nicht mehr zu, dann werde ich denen auch einmal ganz gehörig meine Meinung geigen."
Der Helmut lachte: „Tu das", sagte er und nickte der Lucy zu."

Auf eigene Gefahr, Liebste!

Nachdem auch im Kreis Ludwigsburg, das erste Kind geboren wurde, dessen Vater ein Angehöriger der Besatzungsmacht ist, wird von seiten der US-Militärregierung folgendes erklärt: Deutsche Frauen, welche sich mit amerikanischen Soldaten einlassen, müssen sich bewußt sein, daß dies auf eigene Gefahr geschieht.

„DE" 13. Februar 1946

Gegen den Hunger:
Dosenessen von den Amis!

Wegen des Bombenangriffs auf Erbach

Noch ein Geschehnis machte Lucy in diesen Tagen zu schaffen. Elisabeth hatte von Bekannten einen Brief aus der Kreisstadt Erbach erhalten. Darin stand, daß Lucys Mutter bei einem Bombenangriff am 26. März ums Leben gekommen wäre. Um Genaueres zu erfahren, wandte sich Elisabeth an den neu eingesetzten Bürgermeister des Ortes. Der bemühte sich um diese Angelegenheit in Erbach, und Elisabeth bekam eine Abschrift der Todesurkunde. Es handelte sich gleich um drei Personen, die Lucys nahe Verwandte waren. Die Mutter, die Großmutter und der Großvater. Sie waren alle drei in einem einzigen Bombenhagel umgekommen.

Drei Dokumente mit dem jeweils gleichen Schlußsatz ... ist am 26. März 1945 in Erbach im Odenwald durch Feindeinwirkung gefallen.

Lucy weinte nicht, obwohl sie sehr betroffen war. Sie wollte darüber reden, weil sie dauernd daran denken mußte. Elisabeth blieb den ganzen Tag daheim und setzte sich zu ihr.

Lucy sagte: „Sie war meine Mutter! Eigentlich müßte ich weinen und sehr traurig sein. Ich bin auch ein bißchen traurig, obwohl ich sie nicht so gut leiden konnte. Vielleicht hätte ich zu ihr ein wenig freundlicher sein können – das tut mir alles so leid!"

„Das ist immer so, wenn jemand gestorben ist – man weiß auf einmal, daß man vieles hätte besser machen können. Mir ist es auch so ergangen, wie mein Vater in der Darmstädter Bombennacht umgekommen ist! Immer denke ich – vieles hätte ich besser machen können. Das und das hätte ich ihm noch sagen können, und da und da war ich nicht gerade so freundlich zu ihm gewesen. Ja – ich habe ihm manchmal sogar Unrecht getan!"

„Wirklich?"

„Wirklich! Und meine Mutter – der Bärbel-Oma – wird es wohl auch so ergangen sein. Vor lauter Schreck und Schmerz hat sie dann nicht mehr sprechen können.

Es ist Trauer, die du empfindest! Die Zeit wird dir darüber hinweghelfen."

„Und meiner Mutter ihre Eltern sind auch ums Leben gekommen. Zu gleicher Zeit! Das war ja eigentlich meine richtige Oma und mein richtiger Opa!"

„Gewiß –! Die haben wir beide nicht gekannt!"

„Das ist alles so merkwürdig! Ich habe so ein nachdenkliches Gefühl im Bauch –."

„Aber du hast mich noch, und die Bärbel-Oma, und den Helmut, die Leni und eine ganze Menge andere liebe Menschen", lächelte Elisabeth.

Da fiel Lucy etwas ein und erschrocken machte sie die Feststellung:

„O Gott, wie gut, daß ich nicht in Erbach bei meiner Mutter geblieben bin – daß man mich von ihr weggenommen hat."

„Ja?" fragte Elisabeth gespannt.

„Ja, denk mal, da wäre ich ja auch mit umgekommen! Bei diesem Bombenangriff auf Erbach!"

Elisabeth holte tief Luft, bevor sie antwortete:

„Da kannst du mal sehen, daß alles, was geschieht, für irgend etwas gut ist im Leben! Auch wenn man es nicht immer gleich erkennen kann!"

Erbach/Odw. 1945 – Am Tag, als die Amis kamen.

Schulspeisung für die Kinder

Noch etwas Gutes hatten die Amerikaner veranlaßt. Sie halfen, die Bevölkerung satt zu kriegen – wenigstens den schlimmsten Hunger zu lindern. Als der Schulbetrieb wieder in Gang gekommen war, hatten sie dafür gesorgt, daß die Kinder jeden Morgen eine Suppe bekamen. Ein Essensnapf mit Löffel gehörte damals ebenso zur alltäglichen Schulausrüstung wie der Schulranzen selbst.

Das war das tägliche, wichtige Essen, die Schulspeisung. Es durften nur die Kinder von dem Essen bekommen, die Normalverbraucher waren. Teilselbstversorgerkinder bekamen manchmal etwas ab, wenn von der nahrhaften Suppe etwas übrig war. Die Selbstversorger – Bauernkinder hatten keinen Anspruch auf Schulspeisung. Schwierig wurde es besonders dann, wenn es Schokolade gab. Alle Kinder hatten ja bis zu dieser Zeit kaum noch eine Erinnerung an diese Köstlichkeit. Da standen nun die Kinder der Landwirte (Selbstversorger) und hatten auch sehnsüchtige Augen.

Lucy wußte sich zu helfen. Schließlich hatte sie schon eine Ewigkeit lang kein Wurstbrot mehr gegessen. Und die Elsbeth von der Brückenwiese, die hatte auch sehnsüchtige Augen. Außerdem gehörte sie auf einen Bauernhof und hatte immer ein wohlriechendes Wurstbrot im Schulranzen. Lucy tauschte also eine Schulspeisungsration Schokolade gegen das saftige Leberwurstbrot von der Elsbeth. Beide waren damit glücklich.

Wie schlimm die Augenblicke waren, wenn die Bauernkinder ihr Pausenbrot auspackten, kann man auch an der Reaktion der Lehrerin sehen. Sie stand ja unmittelbar vorne an der ersten Bankreihe und konnte wahrscheinlich schon die ganze Unterrichtsstunde lang das Leberwurstbrot vom Karlchen riechen. Auf einmal sagte sie entschlossen – und sie hielt sich dabei den Magen – „dein Leberwurstbrot tröpfelt schon auf den Fußboden! Du mußt es besser einpacken!"

Wie hungrig und verzweifelt manche Mütter im Dorf gewesen sein müssen, wird erkennbar an einer Normalverbraucherin mit einem Kleinkind. Sie hatte eigentlich gar keinen Anspruch auf die Schulspeisung. Ihr Kind war erst drei Jahre. Sie hatte es verstanden, jeden Tag eine Portion Suppe zu ergattern. „Für ihr schwächliches Kind", sagte sie immer. Sie hatte sich einfach an die Reihe der Schulkinder angeschlossen und ihren mitgebrachten Topf hingehalten.

Schulspeisung: Strahlende Kinderaugen, weil es was zu essen gibt.

Schulspeisung: Es hat auch noch Schokolade gegeben

Die ersten Quäkerkisten

In Großhessen sind die ersten Gaben verteilt worden, die nordamerikanische Quäker zur Linderung der Not schickten. Von den 200 Kisten mit Lebensmitteln, mit Bohnen, Erbsen, Kindermehl und Aprikosen, sind 47 in den Regierungsbezirk Darmstadt gekommen. (26. Juni 1946)

„DE“ 16. Februar 1946

Schwarzhändlernest ausgehoben

Die Polizei teilt mit, daß bei einer Haussuchung in Darmstadt größere Mengen Lebensmittel. Oele, Butter, Margarine, Silbersachen und Bettwäsche vorgefunden wurden. Die Ermittlungen ergaben, daß es sich bei den Tätern um Schwarzhändler handelt, die die Waren durch Einbrüche erworben haben und auf dem Schwarzen Markt in Frankfurt absetzen. Drei Männer und eine Frau wurden verhaftet.

„DE“ 19. Dezember 1945

... und noch ein Hamsternest

Am 17. Dezember nahm die Polizei eine Durchsuchung einer Wohnung in Kranichstein vor, bei der größere Mengen Lebensmittel zum Vorschein kamen und bei der Kripo sichergestellt wurden.

„DE“ 19. Dezember 1945

Ein Frühling mit Hungern und mit Hamstern

Die Moosbergstraße in Schutt und Asche

Der Krieg war nun schon ein Jahr zu Ende. Städte lagen in Schutt und Asche, Menschen waren obdachlos. Hunger hatten die meisten Menschen. Auch die, die auf dem Land in einem Dorf wohnten. Auch Lucy. Am Wochenanfang wurde das Brot eingeteilt. Es gab nur eine bestimmte Ration. Soviel, wie man Brotmärkchen bekam. Es gab immer noch die Lebensmittelkartenausgabestelle, genau wie in den Kriegsjahren zuvor. Da durften alle Einwohner, die keine Selbstversorger waren, ihre eingeteilten, pro Kopf Lebensmittelkarten abholen.
Die Lebensmittelkarten waren eingeteilt für:
Normalverbraucher und Teilselbstversorger. Das waren die kleinen Leute, welche kein Schlachtvieh halten konnten. Stallhasen wurden nicht berechnet. Es gab Kärtchen, auch Punkte genannt, für Butter, Fleisch, Mehl und Brot, Tabak und Zigaretten. Außerdem für Fisch, Eipulver und Nährmittel. Sogar für Rasierseife gab es Märkchen und für Bettwäsche, Babywäsche, Haushaltswaren und Schuhe. Für Schuhreparaturen gab es Bezugscheine. Diese Punkte und Bezugscheine mußten

beim Einkaufen abgegeben werden und man konnte nur soviel Ware dafür bekommen, wie jeweils darauf angegeben war.
Die Geschäftsleute klebten die Märkchen dann in ein großes Heft, welches sie bei den Behörden abgeben mußten. Landwirte waren Selbstversorger, weil sie Obst, Kartoffeln, Gemüse und Fleisch selbst erzeugen konnten. Handwerker und Arbeiterfamilien waren auf Lebensmittel in den Geschäften angewiesen. Ein eigener Garten, ein paar Stallhasen oder Hühner konnten ein wenig die Hungersnot lindern helfen. Die Menschen ohne Landwirtschaft waren die sogenannten „Normalverbraucher" und hatten einen größeren Anspruch auf Lebensmittelkarten. Da aber die Lebensmittelläden oft keine Ware hatten, halfen die vorgesehenen Lebensmittelkarten auch nicht, den Hunger zu stillen.
Die Landwirte hatten wenigstens genug zu essen, so daß sie nicht hungern mußten. Bezugsscheine für Schuhe, Haushaltswaren und Tabak waren auch ihnen zugeteilt. Ihr Schlachtvieh wurde amtlich kontrolliert,

Amerikaner verteilen Essen an die hungrige Stadtbevölkerung

gewogen und die vorgesehenen Abgaben berechnet. Zum Beispiel: Vom Lebendgewicht eines Schweines wurden zwanzig Prozent abgerechnet. Das ergab das sogenannte Schlachtgewicht. Minus zehn Prozent, das war das Anrechnungsgewicht. Der Fleischbeschauer des Ortes hatte das Vieh zu wiegen und das Fleisch auf Genießbarkeit zu untersuchen. Die Ergebnisse dieser Kontrolle wurden von ihm wiederum amtlich eingetragen.
Manchmal wurde gemogelt.
Da war einmal ein schlaues Bäuerlein. Das trieb seine beiden Schweine morgens früh, vorschriftsmäßig zur öffentlichen Viehwaage. Es trieb sie nacheinander hin. Erst das eine und anschließend das andere. So hätte man meinen können! Das eine Schwein war noch jung und entsprechend mager. Das andere war schon älter, und es war dick und fett. Es wog mindestens einen Zentner mehr als das junge Schwein. Das Bäuerlein trieb also das magere Schwein auf die Waage und hatte es zuvor nicht gefüttert. Da wog es nicht so schwer. Dann trieb es das Schwein nach Hause, ließ es fressen und trieb dasselbe Schwein wieder auf die öffentliche Waage. Dieses Mal hatte es ein paar Pfund mehr an Gewicht. Der amtliche Prüfer merkte nicht einmal, daß er dasselbe Schwein wieder gewogen hatte. Das Fette war ja im Stall geblieben, und das schlaue Bäuerlein hatte damit mindestens einen Zentner Fleisch gewonnen, welches es nicht angerechnet bekam.
Lucy teilte also ihr Brot ein. Sie schnitt mit dem Messer lauter feine Rillen in den kleinen Brotlaib. Sieben Stück! Für jeden Tag eine Rille. Das bedeutete für jeden Tag ein Stückchen Brot! Mehr nicht! Das war wenig! Manchmal schickte Elisabeth sie in die Mühle. Dort, wo sie auf dem Feld schon oft mitgeholfen hatte.
Elisabeth arbeitete nämlich inzwischen täglich bei den Bauern des Dorfes. Sie arbeitete immer dort, wo man ihre Arbeitskraft am nötigsten brauchte. Nun ging es ja nicht mehr nur um den Pachtzins des Gartens, nun ging es wirklich nur um das tägliche Brot. Im wahrsten Sinne des Wortes, denn das wurde immer weniger –! Jetzt, im zeitigen Frühjahr, wurden die Landarbeiterinnen noch nicht so notwendig gebraucht, wie bei der Ernte. Deswegen war nun auch der Hunger größer, weil die Nahrungsversorgung durch Arbeitsleistung nicht möglich war.
Leute kamen von Städten weit her. Sie hatten Rucksäcke auf dem Rükken und Körbe und Taschen. Sie tauschten alles, was sie noch besaßen, um das Wichtigste, das der Mensch täglich braucht – die Nahrung –

zz PFUNGSTADT. Entgegen anderslautenden Informationen darf Holz nach Ausstellung eines Lesescheins nur mittwochs und samstags gesammelt werden.

„DE" 19. Dezember 1945

Käsezuteilung für werdende Mütter.

Das Landesernährungsamt teilt mit: Nachdem in der 83. Zuteilungsperiode die Rationen für die Säuglinge neu geregelt und verbessert worden sind, wird auf Anordnung der Militär-Regierung in der 84. Zuteilungsperiode eine kleine Verbesserung der Zuteilung für werdende Mütter eintreten. Werdende und stillende Mütter erhalten künftig eine Käseration von 300 g und außerdem 400 g Quark. Der Rationsplan für die 85. Periode wird wesentliche Aenderungen gegenüber den bisherigen Rationen nicht enthalten.

„DE" 19. Dezember 1945

Lebensmittelkarten gestohlen

In der Nacht vom 22. auf 23. Mai drangen Diebe in die Bezirkskartenstelle Gutenberg des Ernährungsamtes ein und stahlen einen größeren Posten Lebensmittelkarten, ferner ein elektrisches Bügeleisen, und erbrachen einen Handkoffer. Bei den Tätern muß es sich um Leute handeln, die mit den Verhältnissen des Hauses gut bekannt waren. Sie drangen durch mehrere Kellerräume vor und erbrachen auf dem Wege bis zum Einbruchsraum nicht weniger als vier schwere Türen, darunter zwei eiserne Luftschutztüren, die obendrein mit Vorhängeschlössern gesichert waren.

Die Bevölkerung und vor allem die Lebensmittelhändler werden im eigenen Interesse dringend aufgefordert, auf Personen zu achten, die sich durch vermehrten Einkauf von Lebensmitteln verdächtig machen. Die Lebensmittelhändler haben ganz besonders darauf zu achten, daß die Stammabschnitte der Lebensmittelkarten voll mit dem Namen des Bezugsberechtigten ausgefüllt sind. Auf abgetrennte Einzelmarken darf eine Belieferung in keinem Fall erfolgen. Jede verdächtige Person ist sofort zur Anzeige zu bringen.

„DE" 25. Mai 1946

Er wollte „organisieren"

wh DARMSTADT. Nach längerem Umherreisen war der aus der Kriegsgefangenschaft entlassene 30jährige B. aus Oldenburg in Darmstadt vor Anker gegangen und hatte auch Unterkunft und Arbeit gefunden. Auch er konnte mit den ihm ausgehändigten Bezugscheinen nur wenig kaufen, besonders fehlten ihm Schuhe. „Der Einfachheit halber" ließ er nun aus einem Ober-Ramstädter Schuhgeschäft ein Paar Schuhe, das dort auf Instandsetzung wartete, mitgehen, wonach man ihn jedoch schnappte und, zumal bei ihm noch andere fragwürdige Dinge vorgefunden wurden, vor den Richter brachte. In der Verhandlung am 8. Dezember vor dem Amtsgericht Darmstadt erklärte er rundheraus, er habe es sich nicht so genau überlegt, da das „Organisieren" beim „Kommiß" ja gang und gäbe gewesen sei. Hierfür brachte das Gericht jedoch wenig Verständnis auf und machte ihm deutlich klar, daß die Zeit des „Kommiß" auch in dieser Beziehung endgültig vorbei ist. Das „Organisieren" und die Verwischung der Begriffe „mein und dein" müssen schleunigst abgeschafft werden, denn die Bevölkerung hat alles Recht darauf, daß sie das Wenige, was sie noch besitzt, auch tatsächlich in sicherem Schutz wissen darf. Der Angeklagte kam diesmal noch äußerst gelinde davon — er erhielt einen Monat Gefängnis, der durch die Untersuchungshaft als verbüßt gilt.

„DE" 19. Dezember 1945

Wenn's wieder Schmalz gibt!

Nachstehend ein Rezept für einen sehr guten, sparsamen Brotaufstrich: Zutaten: 50 g Schmalz, 2 große, am Tag vorher gekochte, geriebene Kartoffeln, 1 gehäufter Eßlöffel feingeschnittener Zwiebeln, 1 Eßlöffel Hefeflocken oder Eivit (soweit vorhanden), 2—3 Eßlöffel Essig, Wasser nach Bedarf, Salz nach Geschmack. Zubereitung: Im Schmalz brät man die Zwiebeln goldbraun und läßt, wenn man hat, die Hefeflocken mitrösten. Dann fügt man die geriebenen Kartoffeln hinzu, läßt durchbacken (umrühren!) und füllt langsam mit so viel Wasser auf, daß eine streichfertige Masse entsteht. Man schmeckt dann mit dem Essig, der unbedingt nötig ist, und reichlich Salz recht würzig ab. Der Brotaufstrich schmeckt vorzüglich, ist sparsam und hält sich bei kühler Aufbewahrung länger als 10 Tage. Die fertige Menge laut Rezept beträgt etwa 200 g Brotaufstrich. O. M.

„DE" 6. Februar 1945

dafür zu bekommen. Bettwäsche, Schmuck, Zigaretten wurden umgetauscht oder angeboten gegen Eßwaren, für Kartoffel, Mehl, Eier, Speck, Brot oder auch ein paar Gelberüben.

Weil der Hunger auch bei der Lucy zu Hause war, sagte Elisabeth: „Wie gut, daß wir noch die Geißen haben. So hast du wenigstens morgens noch deine frische Milch. Brot ist keines mehr da. Sei so gut, und gehe du in die Klingenmühle und frage den Müller, ob wir noch etwas Mehl bekommen können! Sage ihm, daß ich im Sommer wieder bei ihm auf dem Feld arbeiten werde. Inzwischen werde ich in den Odenwaldgrund gehen und mal sehen, ob ich noch ein paar Kartoffeln auftreiben kann. Von meinem Mann habe ich noch den Rubinring, an dem ich eigentlich sehr hänge. Ich will versuchen, etwas Eßbares dafür zu bekommen."

Lucy nahm das klapprige Fahrrad von Helmut und fuhr damit zur Klingenmühle. Der Müller lud gerade ein paar Mehlsäcke auf den Traktorenanhänger, als sie um die Ecke kurvte. Mehl für den Bäcker – dachte sie und starrte mit sehnsüchtigem Blick auf die Ladung.

„Willst du schon wieder was?" rief der Müller. „Deine Mutter war doch erst vor vierzehn Tagen da und hat Mehl geholt! Soviel Mehl, wie ihr braucht, soviel kann deine Mutter gar nicht abarbeiten!"

100 g Zucker im Januar. Nach der Ausgabe einer Zuckerzuteilung in Höhe von 400 g in der 83. Versorgungsperiode kann im Januar eine weitere Zuteilung von 100 g erfolgen. Diese zusätzliche Ausgabe erfolgt nur für das Gebiet Hessen und Hessen-Nassau, nicht für die anderen Landesernährungsamtsbereiche, in denen bereits im Monat Dezember 500 g Zucker zur Ausgabe aufgerufen worden sind.

„DE" Weihnachten 1945

Lebensmittelläden dürfen für Stunden öffnen

Die Sieger verteilen Saatkartoffeln an die Bauern – Aus den Berichten des Detachements E 3 in Darmstadt

„DE" 31. März 1945

Ein teurer Braten

wh DARMSTADT. Ein waschechter Schwarz- und Schleichhändler stand in dem 41jährigen F. aus Frankfurt am 12. Dezember vor dem Amtsgericht. Er hatte im Juni dieses Jahres mit zwei „Kollegen" in Rohrbach einen Bullen gekauft und ihn in einem Wäldchen schwarzgeschlachtet. Das Fleisch kam teils in den eigenen Magen, teils auf den „Schwarzen Markt". Der leckere Braten wurde F. aber reichlich versalzen, als er jetzt 6 Monate Gefängnis und 3000 RM Geldstrafe zudiktiert bekam.

„DE" 19. Dezember 1945

„Wir bringen das Mehl zum Bäcker und dann kriegen wir Brot dafür", sagte Lucy verlegen.
„Das weiß ich! Gut, ich gebe dir ein Säckchen voll! Dafür muß aber deine Mama beim Rübenverziehen helfen! Wenn es soweit ist, hat sie dazusein."
„Ja, ja, ich werde es ihr ausrichten", sagte Lucy und sie hatte kein gutes Gefühl. Das Gesicht des Müllers gefiel ihr nicht. Es hatte etwas Feindliches. Sie mußte an die schwarze Fee denken. Plötzlich fror sie und sie fühlte, wie ihr eine kribbelnde Gänsehaut den Rücken hinunterkroch.

wh **Nieder-Ramstadt.** Die beiden Einwohner G. F. und A. G. hatten bei einem Nachbarn Hasen gestohlen. Für diesen Sonntagsbraten erhielten sie jetzt vom Amtsgericht je 3 Monate Gefängnis.

„DE" 13. Februar 1946

Neue Sätze für Rauchwaren

Mit Beginn der 86. Zuteilungsperiode wird die Tabakbewirtschaftung für Groß-Hessen einheitlich durchgeführt; hierzu gibt das Groß-Hessische Wirtschaftsministerium bekannt: Die Bewirtschaftungsstellen verfügen zur Zeit über fünf Millionen Kilogramm Tabak bei der Industrie, über drei Millionen Kilogramm beim Handel und über 0.7 Millionen Kilogramm Rohtabak aus der Ernte des Jahres 1945. Diese Tabakmengen müssen bis zum Abschluß der Ernte 1946 reichen.

Folgende Rationen sind für die Ausgabe pro Kopf und pro Monat festgelegt: 30 Zigaretten oder 20 Zigarren unter 10 Pfennig oder 12 Zigarren zwischen 10 und 15 Pfennig oder 8 Zigarren über 15 Pfennig und mehr. Schnupf- und Kautabak sollen in Zukunft nicht mehr bewirtschaftet werden. (DANA)

„DE" 23. Februar 1946

gf FÜRTH (Odenwald). Die letzter Tage hier vorgekommenen Hasen- und Hühnerdiebstähle wurden jetzt auch durch die hiesige Gendarmerie aufgeklärt und die Täter hinter Schloß und Riegel gesetzt. Einer der Täter wurde außerdem eines größeren Gelddiebstahls in Hammelbach überführt.

„DE" 13. Februar 1946

Lucy klemmte das Mehlsäckchen auf den rostigen Gepäckträger ihres Fahrrades und fuhr heim. Am Abend, als Elisabeth müde und ohne Rubinring heimkam, dafür aber eine große Tasche voll Kartoffeln mitbrachte, erzählte Lucy von ihrem zweifelhaften Erfolg. Elisabeth schwieg. Sie öffnete das Säckchen und sagte: „Wir machen uns heute ein paar köstliche Eierpfannkuchen, denn ich habe auch noch zehn Eier gehamstert."

„Wirklich echte Eierkuchen?“ fragte Lucy zweifelnd.
„Echte Eierkuchen“, versprach sie. Sie schüttete Mehl in eine Schüssel und hielt den Atem an. Lucy fragte: „Ist was mit dem Mehl?“
„Nein, nein“, sagte Elisabeth und war auf einmal totenblaß. Sie stellte sich vor die Schüssel, griff nach dem Zeitungspapier, das auf dem Tisch lag, packte etwas hinein, rollte es zusammen und warf es in den Kohlenkasten. Dann rührte sie den Teig, in den sie zwei ganze Eier hinein tat, tropfte etwas Öl in die Pfanne und betrachtete skeptisch die goldgelben Pfannkuchen, die nun verlockend auf dem Teller lagen. Sie aß zwei Stück, und Lucy aß auch zwei Stück.
„Komisch“, sagte Lucy, „die Pfannkuchen haben wunderbar geschmeckt, komisch, daß du so käsebleich aussiehst! Ist dir nicht gut?“
„Ach, es ist nichts, ich bin nur ein wenig müde“, lenkte Elisabeth ab.
„Komm Lucy, wir gehen ins Bett. Morgen früh ist die Nacht herum!“
Elisabeth ging derweil das Bett richten und Lucy eilte zum Kohlenkasten und wickelte das Zeitungspapier auf. Da kamen zum Vorschein zwei getrocknete, zerquetschte Mäuse, mit langen Schwänzen. Lucy wurde es übel. Sie wurde grün im Gesicht. Sie knüllte hastig das Zeitungspapier mit seinem ekelhaften Inhalt zusammen und warf es erneut in den Kohlenkasten. Inzwischen kam Elisabeth und sagte: „Lucy, ich habe dir eine Wärmflasche ins Bett gelegt. Heute ist es ein wenig kühl. Gehe jetzt schlafen.“
„Ja, Mama“, sagte Lucy und konnte sich nur mit aller Mühe auf den Beinen halten.
„Was ist dir Lucy? Du bist ja ganz grün im Gesicht“, stellte Elisabeth fest.
„Macht nichts“, stöhnte Lucy, „ich glaube, ich bin das gute Essen nicht mehr gewöhnt – es sind die Pfannkuchen!“
Dann hatte sie das Gefühl, daß sich ihr Magen beschwerte, denn wie wäre es sonst zu erklären, daß Lucy die guten Eierkuchen wieder ausspuckte?
Lucy hatte plötzlich das Bild vor sich. Es war die schwarze Fee mit den dicken Zöpfen und dem braunen Schleier. Sie hielt ihre Arme kreuzweise über Lucy und murmelte düster vor sich hin. Aber dahinter – o – das war komisch – da stand ja die weiße, die gute Fee. Die winkte ihr zu und – wahrhaftig, sie legte den Finger auf den Mund und machte: „pst!“

Knochensammlung

Mehr denn je kommt es in Anbetracht des Fettmangels darauf an, die Knochen möglichst restlos zu sammeln. Für die Abgabe eines Gutscheins über fünf Kilogramm Knochen kann beim Handel ein Stück Kernseife à 60 Gramm Frischgewicht bezogen werden. (16. Februar 1946)

„DE" 26. Juni 1946

Kostspielige Ferkelpreise

Um dem Schwarz- und Tauschhandel energisch zu begegnen, hat die Preisabteilung des Wirtschaftsministeriums in Wiesbaden die unterstellten Dienststellen aufgefordert, in allen ermittelten Straffällen mit energischen Ordnungsstrafen einzuschreiten. So konnte der Regierungspräsident Darmstadt einen Schweinehändler, der 750 Ferkel zu Ueberpreisen verkauft hatte, in eine Ordnungsstrafe von 25 000 RM nehmen. Wegen Verkäufe von Frischwaren unter Annahme von Mangelwaren wurde gegen einen Bauer und dessen Sohn Strafantrag bei Gericht gestellt, da das Ordnungsstrafverfahren keine ausreichende Sühne gewährleisten könnte. Insgesamt verhängte der Regierungspräsident in Darmstadt in einer Woche 36 Ordnungsstrafen.

„DE" 16. März 1946

Schwarzbrenner gefaßt

Im Stadtteil Eberstadt wurden zwei selbsthergestellte Branntwein-Brennanlagen sowie bereitstehendes Material und verbotenerweise hergestellter Branntwein polizeilich sichergestellt. Die Schwarzbrenner werden ihrer gerechten Bestrafung zugeführt.

„DE" 25. Mai 1946

bb SELIGENSTADT. Josef kann das Handeln nicht lassen. Schließlich ist es ja auch sein Beruf. Doch leider wurde der Handel immer schwarz und schwärzer, daß sogar das Amtsgericht Seligenstadt in einer Hauptverhandlung sich damit beschäftigen mußte. Josef Weih aus Klein-Krotzenburg ist schon zwölfmal vorbestraft: wegen Sachbeschädigung, Körperverletzung, Diebstahls usw., also dem Gericht kein Unbekannter mehr. Im Sommer vergangenen Jahres wurde er wegen Schwarzhandels mit 2750 RM bestraft. Jetzt hat er Handtaschen und Kämme gegen rund 60 Büchsen Fleisch, 25 Päckchen Tabak und Bohnenkaffee eingetauscht. Letzterer wurde wieder für 300 RM pro Pfund verschoben. Josef wurde in Frankfurt am Schwarzen Markt erwischt. Auf Befragen, woher die tausend Zigarren seien, die er bei sich trug, gestand er, daß er 3000 Stück gegen ein Fahrrad eingetauscht habe. Das Gericht erkannte auf eine Gefängnisstrafe von vier Monaten unter Anrechnung der erlittenen Untersuchungshaft, 1000 RM. Geldstrafe, Abgabe des Mehrerlöses beim Kaffeeverkauf und Einziehung der beschlagnahmten Rauchwaren und Konserven. Ob er sich nun endlich bessern wird?

bb SCHLIERBACH. In der Nacht vom 24. auf 25. Januar wurden mehrere Diebstähle ausgeführt. Ein Damenfahrrad, zwei Gänse, mehrere Hühner und Stallhasen sowie landwirtschaftliche Gebrauchsgegenstände fielen den Dieben zum Opfer. — Wie die Gendarmerie Dieburg mitteilt, wurden hier erhebliche Mengen bewirtschafteter Nahrungsmittel und andere Mangelgüter zutage gefördert und beschlagnahmt.

„DE" 6. Februar 1946

Beim Kartoffelstehlen erschlagen

Ein Pfungstädter Einwohner, dem in der letzten Zeit mehrfach Kartoffeln vom Acker gestohlen worden waren, überraschte am vergangenen Mittwoch spätabends auf seinem Grundstück wiederum einen Mann beim Kartoffeldiebstahl. Als er auf Anrufen keine Antwort erhielt und Tätlichkeiten befürchtete, hieb er mit einem Knüppel auf den Unbekannten ein, wonach jener nach kurzer Zeit tödlich getroffen umsank. Bei Licht erkannte der Grundstücksbesitzer in dem Toten zu seinem Entsetzen einen über 70 Jahre alten Nachbarn, mit dem er in gutem Einvernehmen gelebt hatte. (21. September 1946)

„DE" 21. September 1946

Die Flüchtlinge kommen

April 1946. Unruhe war im Dorf. Es hieß: die Flüchtlinge kommen. Alle wurden als Flüchtlinge bezeichnet, auch die Heimatvertriebenen. Ein Lastkraftwagen hielt auf dem Marktplatz. Dort standen einige Bauern, um sich von den zu erwartenden Leuten kräftige Landarbeiter auszusuchen. Es war bei diesem Trupp aber kein einziger Mann dabei. Die Männer waren ja meistens im Krieg geblieben. Es waren drei Familien angekommen. Das gab zusammen zwölf Personen, welche auf dem offenen Kastenwagen saßen. Ihr weniges Gepäck hatten sie in den Händen. Nun sollten auch diese Menschen noch zusätzlich untergebracht werden. Die ausgebombten, fliegergeschädigten Evakuierten waren ja auch noch da als zusätzliche Untermieter der Dorfbewohner. Das war also so schon eng genug in den Häusern. In den zur Verfügung gestellten Stuben, Dachwinkeln und Kellern befand sich meistens kein fließendes Wasser und keine Toilette. Täglich mußte das Wasser frisch vom Hof geholt und das Abwasser wieder dorthin zurück gebracht werden.

Flüchtlinge kommen nach Darmstadt

Die Not der räumlichen Enge und der tägliche Kampf um ein bißchen Brot und Kartoffeln ließ bei den Menschen sowieso schon Feindseligkeit entstehen. Und nun kamen die auch noch dazu – diese Fremden! Da war man denen gegenüber sehr voreingenommen. Schon im vornherein gab es Schimpfwörter wie das zufällige Wort „Grindkepp".
Lucy hatte das Wort aufgefangen und hatte dementsprechend eine verbogene Vorstellung von Menschen, deren Köpfe voller eitriger Beulen mit Schorfbedeckung sein müßten. Ein Feindbild war entstanden durch Angst vor dem eigenen unbekannten Volk, welches seither im östlichen Deutschland gelebt hatte.
Zuerst sah Lucy den blonden Jungen mit dem Bürstenhaarschnitt. Er half gerade einer kleinen, zierlichen Person, die sicher seine Mutter war, beim Aussteigen. Er half auch den anderen Erwachsenen und den Kindern fürsorglich beim Verlassen des Kastenwagens. Da waren noch zwei kleinere, blonde Buben, auch mit solchen hellen Haaren. Man konnte sehen, daß es Geschwister waren. Die andere Mutter hatte eine fast erwachsene Tochter und vier kleine Buben. Der Jüngste war noch ein Kleinkind. Die dritte Mutter hatte einen halb erwachsenen Sohn. Nun standen die drei Familien da mit weißen, unbeweglichen Gesichtern und warteten, daß man sie aufrufen und irgendwo unterbringen würde. Lucy hatte da eine ganz andere Vorstellung von diesen Menschen, wegen des zufälligen Schimpfworts, welches sie gehört hatte. Sie wunderte sich und wußte, daß sie dieses vorgegebene Feindbild ändern würde. Es war halt so, daß die Einheimischen Angst hatten vor den Fremden, die sie als Eindringlinge betrachteten. Sie hatten Angst vor Diebstahl und Auseinandersetzungen. Die Vertriebenen hatten auch Angst. Sie hatten eine ungewisse Zukunft, und sie fühlten die eisige Ablehnung der Dorfbewohner.
Da standen nun die Fremden und sie paßten überhaupt nicht mehr in Lucys Vorstellung. Was sie sah, konnte sie gut erkennen. Das war Armut, Hilflosigkeit, Resignation und – Angst. Hier standen Menschen, die aussahen wie andere Menschen auch. Was sie von den Einheimischen unterschied, war lediglich die Armut und die Hilflosigkeit. Lucy mußte wieder an den Pferdehändler denken, den sie auf einem Bauernhof beobachtet hatte. Es fehlt nur noch, daß man ihnen den Mund aufhält, um zu sehen, was sie noch wert sind. Genau wie die Fürsorgerin es damals gemacht hatte: Mund auf! Zähne zeigen! Hände zeigen! Kniebeugen!

Lucy hatte plötzlich das Bild vor sich: Die Frau mit dem braunen Kleid und dem gleichfarbigen, wehenden Schleiher der Kopfhaube. Es muß mit der bösen Fee zu tun haben, sagte sie sich!
Dann stellte sie sich vor den blonden Jungen und fragte ihn:
„Wie heißt du denn?"
„Ich bin der Franz", sagte er und hatte eine seltsame Melodie beim Sprechen.
„Und ich bin die Lucy! – Wo kommt ihr ihn?"
Der Franz deutete auf den Dagobert mit seiner Frau, die mit einigen anderen Dorfbewohnern dastanden.
Lucy sagte entschlossen: „Ich werde dich mal besuchen!"

Es gibt Süßstoff. Für jeden Normalverbraucher über 18 Jahre ist die Ausgabe von 1,5 Gramm Süßstoff gegen Voranmeldung und nach besonderem Aufruf vorgesehen.

Entrahmte Frischmilch ist in der 89. Periode für Erwachsene erhöht worden. Wo eine Gesamtbelieferung mit Frischmilch nicht möglich ist, wird der Ausgleich durch **Trockenmilch geschaffen.**

„DE" 25. Mai 1946

Magermilch einen Pfennig teurer

Wie der Ernährungsausschuß des Länderrats am 21. Februar bekanntgab, wird der Preis für Magermilch in den drei Ländern der amerikanischen Zone um einen Pfennig erhöht werden.
(DANA)

„DE" 23. Februar 1946

Mehrere Einbruchsdiebstähle wurden in letzter Zeit hier verübt. So wurden in mehreren Fällen Stallhasen gestohlen; in der Kirchtannstraße wurden am 24. Dezember, 2 Uhr nachts, zwei Reisekoffer, Fahrradvorderräder und Batterien entwendet, in der Mühlstraße in der Nacht zum 22. Dezember zwei wertvolle Ballonreifen, auf deren Wiederbeschaffung der Besitzer eine Belohnung ausgesetzt hat. Ein weiterer Diebstahl wurde in der Industriestraße verübt.

„DE" 1. Januar 1946

Achtung, Blindgänger! Die Eigentümer und Pächter von Grundstücken werden durch den Polizeipräsidenten ersucht, die auf ihren Grundstücken liegenden Bomben- oder Artillerie-Blindgänger ihrem Polizeirevier umgehend anzuzeigen.

„DE" 23. Februar 1946

Fliegergeschädigte mit dem Handwagen auf der Flucht

Ein Besuch im Keller

Lucy stieg die Kellertreppe hinunter. Sie mußte sich erst an die Dunkelheit gewöhnen, um auf dem finsteren Gang die Eingangstüre zu finden. Sie klopfte an die Türe und jemand sagte: „Herein!"
Lucy betrat zögernd die Stube, die nur durch das spärliche Licht des Kellerfensters etwas erhellt war.
Da stand die Mutter vom Franz am Tisch und hatte beide Hände in einen Teig vergraben.
„Guten Tag, Frau Tippmann", sagte Lucy. „Ich bringe Ihnen ein Säckchen mit getrockneten Feuerbohnen. Die sind von unserem Garten. Man muß sie einen ganzen Tag vorher einweichen, bevor man sie kocht, damit sie weich werden. Aber Bohnensuppe schmeckt gut und macht satt. Hier habe ich noch ein Sträußchen getrockneten Thymian. Davon gibt meine Bärbel-Oma immer etwas an die Bohnensuppe. Das gibt ein gutes Aroima."

„O, vielen Dank“, sagte Frau Tippmann freundlich. „Willst du dich nicht setzen? Du kannst ruhig zusehen, wie ich Knödel mache.“
Lucy setzte sich auf einen Stuhl und bemerkte, daß sie sich auf einer wackeligen Sitzgelegenheit niedergelassen hatte. Unwillkürlich schaukelte sie mit dem Stuhl hin und her.
„Nicht –!“ rief die Frau Tippmann entsetzt. Aber es war zu spät. Es gab einen Knacks und Lucy saß auf dem Boden.
„Das war dem Seppl sein Stuhl“, erklärte Frau Tippmann. Lucy sah, daß nun nur noch drei Stühle zu gebrauchen waren und vier Personen waren ja hier untergebracht. „Meine Güte“, sagte sie, „sind die anderen Stühle auch so wackelig?“
„Ich glaube nicht, du hast ausgerechnet auf dem kaputten Stuhl gesessen“, seufzte Frau Tippmann.
„Ich glaube, wir haben zu Hause auf dem Dachboden noch zwei gute Stühle. Ich werde die Mama fragen, ob ich sie Ihnen geben darf“, strahlte Lucy. Sie setzte sich auf einen anderen Stuhl und beobachtete Frau Tippmann beim Teigkneten.

Das graue Elend kommt

Die ersten Flüchtlinge sind da

Das graue Elend, so bezeichnet der Regierungskommissar für das Flüchtlingswesen, Oberregierungsrat E l s ä s s e r, die hunderttausend „Flüchtlinge aus dem Osten“. In einer Besprechung mit ihm in seiner Eigenschaft als Flüchtlings-Kommissar und der Landesarbeitsgemeinschaft des Hessischen Hilfswerks gab er ein klares Bild über die Größe des Flüchtlingselends im Osten. Das graue Elend bezeichnet er es. Er ist der Mann, der alle Lager im Osten kennt. Die Gefahr, die auf uns zukommt, hat er klar und nüchtern, fast herzlos, vor Augen gestellt. Die Not ist groß, größer noch muß unsere Liebe sein. Er braucht Hilfe. Das Hessische Hilfswerk wird ihm helfen. Man glaubte vorgestern noch, Zeit zu haben zu allerletzten Vorbereitungen. Vierundzwanzig Stunden später schon gab sein Stellvertretor, Herr Kaltwasser, den ersten Ankunftstermin bekannt. Vier Stunden später, am Mittwoch, wurde im Weiterleitungslager S a n d b a c h i. Odw. der erste Zug erwartet. Mehr als tausend Menschen mußten die erste Betreuung erhalten. Schon ist der zweite Zug für den kommenden Sonntag gemeldet, wahrscheinlich in der Nacht von Sonntag auf Montag wird er in Gießen eintreffen. Das Hessische Hilfswerk, das Rote Kreuz, die Karitas, die Innere Mission, die Arbeiterwohlfahrt, alles wird aufgerufen zu höchster Hilfsbereitschaft.

Der erste Zug war belegt mit über tausend Menschen. Das Lager Sandbach vor den Veith-Gummi-Werken war nicht in der Lage, sie alle aufzunehmen. Der Zug wurde geteilt, zehn Wagen wurden abgehängt und nach dem Weiterleitungslager Dieburg gefahren. Wer sind die Menschen? Es sind Deutsche aus der Umgebung von Reichenberg, deutsche Menschen, die um ihres Deutschtums willen dort ausgewiesen werden. Die Mehrzahl wird wohl Henlein-Wähler gewesen sein. Ihre Kleidung spricht dafür, daß sie alle sich nicht ein solch bitteres Ende vorgestellt haben. Dies erwähnte auch Oberregierungsrat Elsässer in seinen Ausführungen. Er wies darauf hin, wer die Schuldigen seien an diesem grauen Elend, das sie nun alle ertragen müssen. In warmen, herzlichen Worten versicherte er aber auch die Hilfsbereitschaft der deutschen Regierung und der freien Wohlfahrtsverbände, alles zu tun, um ihr schweres Los soweit als möglich zu erleichtern. Er fordert aber auch von ihnen Einordnung, Geduld und Mitarbeit. J. W.

„DE“ 9. Februar 1946

„Sind das Kartoffelklöße, die Knödel?“ wollte sie wissen. Frau Tippmann bejahte dies und Lucy wollte noch etwas anderes wissen.
„Ihr Mann – ist Ihr Mann noch im Krieg?“
„Gewesen – Lucy – gewesen!“
„Ist er auch gefallen – für Führer, Volk und Vaterland?“
„Ja, es wurde mir folgender Text mitgeteilt. Ich kann ihn schon auswendig! ... habe ich die schmerzliche Pflicht, Ihnen mitteilen zu müssen, daß Ihr Gatte, der Gefreite Franz Tippmann, am 16. 2. 1944 in Schanderowka unweit Korssun – südwestlich Tscherkassy, für Großdeutschland gefallen ist ... und so weiter –!“
„Ist das auch in Rußland? Mein Vater ist auch in Rußland gefallen, bei Brest-Litowsk, schon 1941 –!“
„Ach –! Das tut mir leid. Also – Schanderowka – das ist in Südrußland in der Ukraine!“
„So ein Mist – und immer für ‚Führer, Volk und Vaterland‘ oder für ‚Großdeutschland‘ Und nun ist Deutschland gar nicht mehr so groß! Meine Bärbel-Oma sagt, daß sich die Sieger Deutschland wie einen Kuchen teilen.“
Frau Tippmann bejahte dies, und Lucy sah sich in der Stube um. An der hellsten Stelle des Raumes, unter dem Kellerfenster, lag eine Decke. Da saß der kleine Josef und baute eine Burg. Lucy hatte ein Bilderbuch mitgebracht und reichte es ihm. „Dankesöön“, sagte er artig. Dann sang er lauthals: „Wir nagen an Madagaska, und hatten die Pest an Bord.“
„Das heißt lagen an Madagaskar, nicht nagen“, sagte Frau Tippmann. Der kleine Josef nickte ernst mit dem Kopf und fing von vorne an: „Wir nagen vor Madagaskar und hatten die Pest an Bord, ahoi kleines Mädel ahoi!“ Lucy mußte lachen und Josef war sich seines Könnens stolz bewußt.
In der hinteren Ecke sah Lucy zwei Betten an der Wand stehen. Sie waren von einem Vorhang halb verdeckt. „Sie haben nur zwei Betten? Schläft der Franz oben im Haus? Bei Dagoberts?“ wollte Lucy wissen.
„Nein“, sagte Frau Tippmann, „der Franz schläft mit seinem Bruder Walter in einem Bett und der kleine Seppel schläft mit mir zusammen. Wir müssen uns alle sehr dünne machen“, sagte sie resigniert.
„Bei Ihnen ist es ganz schön eng“, stellte Lucy beklommen fest. „Sie haben einen Herd und Brennholz, aber wo ist denn der Wasserhahn?“
„Der ist draußen im Hof. Hier in dieser Schüssel ist Wasser zum Essen kochen. Wir holen es jeden Morgen frisch“, sagte Frau Tippmann.

„Meine Güte", stöhnte Lucy. Das ist wirklich keine richtige Wohnung. Das hier ist ein Kellerloch für vier Personen. Man müßte eine Wohnung finden. Da haben wir ja mehr Platz in unserer Waschküche! Ein Bettgestell haben wir auch noch übrig, das weiß ich. Das können Sie sicher bekommen", sagte sie.
„Es würde mir nichts nützen, denn ich habe ja kein Bettzeug und keine Matratze dafür", sagte Frau Tippmann.
„Als Matratze kann man einen Strohsack nehmen. Das sticht kein bißchen, das knistert nur ein wenig. Ich schlafe nämlich auch auf einem Strohsack. Der wird jeden Herbst neu gestopft", sagte Lucy. „Dann brauchen Sie noch Bettzeug! Mal sehen, was sich machen läßt", meinte sie und mußte an Martin denken. Der sagte auch immer: mal sehen, was sich machen läßt, und dann wußte er immer irgendwie, wie da zu helfen war. Der Martin. Das war die Idee. Der Martin würde bestimmt helfen, wenn es irgendwie möglich war. Sie nahm sich vor, den Martin um Rat zu fragen, als sie eine weitere Ungereimtheit in der Stube entdeckte.
„Was ist denn das? Was haben Sie denn da auf dem Nachtschränkchen stehen? Eine Schlummerrolle mit Stecknadeln und Garn, mit hölzernen Griffen daran", stellte sie erstaunt fest.
„Das ist keine Schlummerrolle", sagte Frau Tippmann, „das ist mein Klöppelsack. Ich bin gerade dabei, Spitzendeckchen zu klöppeln. Die nächste Woche ist eine Hochzeit im Dorf; da wurden die Deckchen bestellt, weil sie ein Hochzeitsgeschenk werden sollen. Auf diese Weise kann ich mir eine Kleinigkeit nebenher verdienen. Viel ist es ja nicht. Manchmal bekomme ich Butter oder Eier dafür. Das ist schon viel bei unserem mageren Einkommen, und wo man für Geld doch kaum das Nötigste bekommen kann."
Lucy sagte: „Sie sollten sich Stallhasen anschaffen, wegen dem Fleisch. Wir haben auch welche. Ich muß sie immer zum Metzger zum Schlachten bringen. Aber ich renne immer gleich wieder weg, daß ich nicht zusehen muß, wie die armen Hasen getötet werden. Später hole ich sie dann wieder ab. Sie liegen dann fix und fertig und ausgenommen in der Schüssel. Die Mama und die Bärbel-Oma machen dann einen guten Braten davon."
„Ja", seufzte Frau Tippmann, „ich müßte mir einen Hasenkasten machen lassen. Und das Hasenfutter?" fragte sie.
„Kann man sich im Sommer selber holen. Am Wegrand nämlich! Da gibt es Löwenzahn, Pelzkraut, Gänsedisteln und Kartoffelschalen aus der

Küche mögen sie auch. Der Franz und der Walter könnten das gut besorgen und ich würde auch mitgehen. Wegen dem Winter man muß sich Heu anschaffen und einen Garten, wo man Rüben pflanzen kann. Die Hasen mögen gerne Rüben – und man muß die Hasenkästen mit einem Schloß verschließen. In letzter Zeit wird soviel eingebrochen und Hasen werden auch gestohlen, weil die Menschen alle hungrig sind", erklärte Lucy.

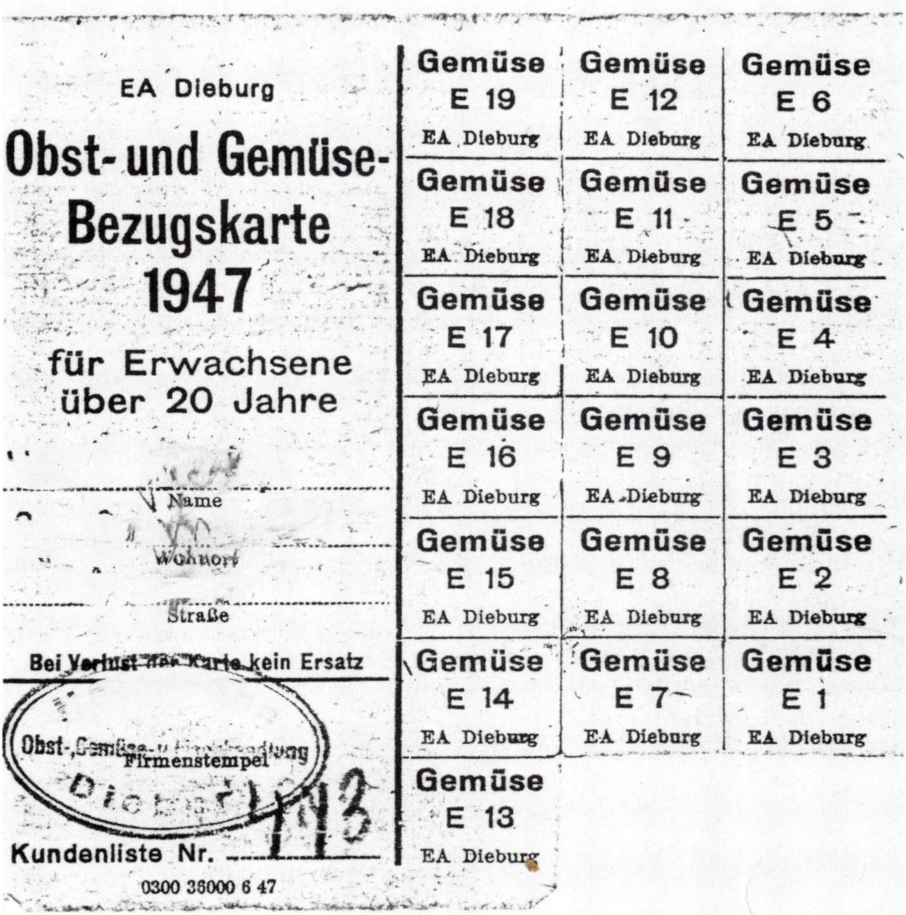

EA Dieburg

Obst- und Gemüse-Bezugskarte 1947

für Erwachsene über 20 Jahre

Name

Wohnort

Straße

Bei Verlust der Karte kein Ersatz

Obst-, Gemüse- u. ...handlung Dieburg

Firmenstempel

Kundenliste Nr. 1113

0300 36000 6 47

Gemüse E 19 EA Dieburg	Gemüse E 12 EA Dieburg	Gemüse E 6 EA Dieburg
Gemüse E 18 EA Dieburg	Gemüse E 11 EA Dieburg	Gemüse E 5 EA Dieburg
Gemüse E 17 EA Dieburg	Gemüse E 10 EA Dieburg	Gemüse E 4 EA Dieburg
Gemüse E 16 EA Dieburg	Gemüse E 9 EA Dieburg	Gemüse E 3 EA Dieburg
Gemüse E 15 EA Dieburg	Gemüse E 8 EA Dieburg	Gemüse E 2 EA Dieburg
Gemüse E 14 EA Dieburg	Gemüse E 7 EA Dieburg	Gemüse E 1 EA Dieburg
Gemüse E 13 EA Dieburg		

„Was du alles weißt", staunte Frau Tippmann, „ich glaube, du hast recht. So nach und nach werden wir uns alle diese wichtigen Dinge anschaffen und dann wird es uns vielleicht ein wenig besser gehen!"
Lucy wollte sich nun verabschieden. Sie stand schon in der Türe, als der Franz hereinkam. Sein leises Guten Abend war kaum zu hören. Der Franz ging schnurstracks auf den Tischkasten zu und holte das Brot heraus. Dann schnitt er sich ein Stück ab.
„Hast du noch Hunger?" sagte Frau Tippmann fassungslos.
„Ja, Mutter, ich habe heute wieder nur Kartoffeln und Sauermilch bekommen. Jeden Tag dasselbe und das ist zu wenig, das macht nicht satt", sagte er, während er das trockene Brot in eine Tasse brockte.
„Ich wollte dich besuchen, aber du warst nicht da", erklärte Lucy.
„Ja, ich werde immer erst am späten Abend fertig mit dem Arbeiten.
„Für mich wäre es besser gewesen, wenn ich auch noch in die Schule hätte gehen können wie mein Bruder Walter. Da hätte ich wenigstens einmal am Tage etwas Richtiges zu essen gehabt mit der Schulspeisung! Aber mit fünfzehn – die Lehrerin sagte, ich wäre so gut wie fertig mit der Schule. Dabei habe ich insgesamt höchstens sechs Jahre Schule gehabt. Die einzige Arbeit, die ich gefunden habe, die war hier beim Dagobert. Aber die Frau kocht nicht gut! Neulich hatten wir Pellkartoffeln mit frischen Johannisbeeren. Morgens gibt es Kartoffeln, mittags und abends gibt es Kartoffeln. Dazu noch Sauermilch – sonst nichts! Es ist wie im Lager. Da gab es jeden Tag Gemüsesuppe und ein wenig Brot. Dabei muß ich noch schwer arbeiten. Ich bin fix und fertig", sagte der Franz und ließ sich auf einen Stuhl fallen.
„Ich komme morgen wieder", sagte Lucy und verabschiedete sich noch einmal.
Dann rannte sie nach Hause. Die Bärbel-Oma hatte das Abendessen auf den Tisch gestellt und schimpfte ein wenig. „Lucy", sagte sie, „du kommst gar nicht bei! Wo treibst du dich so lange herum? Die Suppe ist schon ganz eingebrozelt." Lucy fragte: „Ist die Mama schon da? Ich habe etwas Wichtiges mit euch zu besprechen."
Lucys Mutter kam gerade zur Tür herein und fragte: „Was ist denn?"
„Stellt euch vor", schnaufte Lucy, „die Frau Tippmann wohnt mit ihren Kindern in dem Kellerloch beim Dagobert. Sie haben kein fließendes Wasser, nur zwei Betten, und einen Stuhl habe ich kaputt gemacht, weil er schon gewackelt hat – und überhaupt, es ist dort unten feucht und dunkel, wie in einer Kuh!"

„Als wärst du schon einmal in einer Kuh gewesen", grinste die Bärbel-Oma. Lucy machte ein bitterböses Gesicht als sie sagte: „Es ist wirklich wahr, du kannst ja hingehen und dir das ansehen, daß du siehst, daß ich nicht übertrieben habe", motzte sie.
„Das würde ich ja meinem schlimmsten Feind nicht wünschen – so eine Unterkunft – –!"
„Es ist ja gut, wir glauben dir ja", beruhigte Elisabeth und sie fragte: „Was brauchen die Leute denn? Können wir helfen?"
„Die brauchen alles", sagte Lucy, „vor allem noch ein Bett, und Bettzeug, und Stühle und –"
Lucys Mutter und die Bärbel-Oma sahen sich an, und die Bärbel-Oma hatte eine ganz feste Stimme als sie sagte: „Wir werden den Leuten helfen, wo wir können!"
Am nächsten Tag schleppte Lucy zwei Stühle vom Dachboden und putzte sie sauber.
Die Bärbel-Oma und die Mutter redeten und berieten hin und her und Lucy hörte nicht hin. Sie stolperte mit den beiden Stühlen Richtung Dagoberts und stieg die Kellertreppe hinunter. Sie klopfte an und auf das „Herein" trug sie die beiden vorneweg und stellte sie mitten in die Stube.
„So, da sind zwei Stühle! Die sind noch gut, die wackeln nicht", rief sie strahlend, und dann ging sie geradewegs zum Martin. Der hatte eine kleine Werkstatt und bastelte gerade an einem Fahrrad herum. Martin reparierte nämlich alle kaputten Fahrräder, Nähmaschinen, Bügeleisen, Bettflaschen und weiß Gott, was sonst noch alles. Die Leute kamen sogar von den Nachbardörfern, um sich von ihm ihre Sachen wieder ganz machen zu lassen. Da hing eine Bettflasche am Nagel; die mußte gelötet werden. Dort stand eine Waschschüssel mit Wasser mit einem aufgepumpten Fahrradschlauch darinnen. Der Martin versuchte gerade die undichte Stelle zu finden, in dem er den Schlauch stellenweise ins Wasser drückte. Endlich schien er gefunden zu haben, was er suchte. Kleine Bläßchen stiegen an einer Stelle des Schlauches an die Wasseroberfläche.
„Hab ich dich endlich", mümmelte er. Dann nahm er den Tintentift aus seinem Mund und machte an der undichten Stelle ein Kreuzchen hin. Nun wußte er, wo der Flicken darauf geklebt werden mußte. Lucy schaute dieser Arbeit interessiert zu und sagte dabei: „Guten Tag, Martin! Ich wollte dir etwas sagen und dich etwas fragen!"

„Was gibt es denn?“ wollte der Martin wissen und hängte sich den nassen Schlauch um den Hals.
Lucy erzählte nun von der schlechten Unterkunft der Familie Tippmann und daß es da so dunkel sei wie in einer Kuh.
Der Martin nahm den Fahrradschlauch nachdenklich von seinem Hals und drückte ihn wieder in die Waschschüssel. Er sagte dabei nicht viel, nur:
„Mal sehen, was sich da machen läßt!“
Lucy wußte, daß der Martin etwas tun würde. Irgendetwas Gutes! Denn der Martin war ein echter Menschenfreund!

Der Martin richtet eine Wohnung ein

Lucy hatte den Martin bei der Frau Tippmann angetroffen. Da wußte sie, daß etwas im Gange war, daß der Martin einen Plan hatte. Sie war aber doch überrascht, als sie am nächsten Tag sah, daß Martin seinen Lagerraum ausgeräumt hatte. „Du könntest mir helfen, die Bettsäcke müssen mit Stroh gestopft werden“, sagte er sofort, als er Lucy sah, „die Katrinne ist schon oben und putzt. Ich muß sehen, wie ich all den nützlichen Kram, den ich oben ausgeräumt habe, im Keller verstauen kann. Es gibt zwei Räume aus meinem Vorratslager und noch eine Kammer, aus der man die Küche machen kann, weil dort nämlich die Wasserleitung hochgeht“, sagte der Martin und war ganz aufgekratzt. Lucy half dem Martin die Säcke stopfen, sie brachte der Katrinne frisches Putzwasser, und dann lief sie nach Hause wegen des übrigen Bettgestells. Gegen Abend waren die vorhandenen Sachen eingeräumt und zwei zusätzliche Betten waren hergerichtet. Der Martin betrachtete zufrieden das Ergebnis seines Werkes und sagte: „Eine schöne, kleine Wohnung! Das mit dem Wasseranschluß kriege ich auch noch hin in den nächsten Tagen. Und daß der Misthaufen vom Nachbarn unter dem Küchenfenster liegt, ist auch nicht so schlimm. Da kann man gleich die Abfälle drauf werfen.“

Wozu ein Misthaufen gut ist

Inzwischen hatte sich die Frau Tippmann mit ihren Kinder gut eingelebt bei dem Martin, und sie war sehr froh, daß man ihr geholfen hatte. Sie klöppelte eifrig wunderschöne Spitzendeckchen und verschenkte sie an

die Katrinne und die Lucy. Gegen Abend kam Lucy und brachte eine Kleinigkeit für den kleinen Josef. Der Josef war aber nicht da und die Frau Tippmann war sehr aufgeregt. Sie sagte:
„Lucy, hast du nicht den Seppel gesehen? Er ist nicht hier. Ich war nur schnell mal zum Bäcker gerannt. Als ich zurückkam, war er verschwunden. Hier in der Küche hat er gesessen und mit einem Topfdeckel Musik gemacht. Die Türe war offen. Der Walter sucht ihn im Hof. Na so etwas, so ein Balg!"
Plötzlich klapperte es draußen im Takt und Frau Tippmann stürzte an das Fenster. Auch Lucy kam herbei und hielt den Atem an, als sie das sah. Der kleine Josef war offensichtlich aus dem Fenster geklettert und auf das flache Dach des kleinen Heubodens gestiegen! Da stand er auf den Ziegeln. In der einen Hand einen Topfdeckel und in der anderen einen Kochlöffel. Den Kochlöffel donnerte er auf den Topfdeckel, daß es nur so schepperte. Zu diesem Takt sang er: „Wir nagen an Madagaska und hatten die Pest an Bord. Ahoi kleines Mädel, ahoi!"
„Wir lagen", heißt das, rief die Frau Tippmann und schickte sich an, aus dem Fenster zu klettern.
„Iss komme sonn", sagte der Josef und wollte artig zur Mutter an's Fenster zurücksteigen. Da rutschte er aus, verlor Topfdeckel und Kochlöffel und segelte langsam aber sicher die Ziegel hinunter. Seine Mutter schrie, aber es war zu spät. Der Josef lag schon unten, obwohl man keinen Aufschlag gehört hatte. Er war weich gefallen. Der Misthaufen hatte einen guten Zweck erfüllt. Der Josef hatte sich kein bißchen weh getan – aber einen Schrecken hatte er doch bekommen und die Lucy auch!

Hunger ist der größte Feind

Nun arbeitete auch die Frau Tippmann auf dem Feld mit, wo immer nach ihr verlangt wurde. Dafür hatte sie so manches Stückchen Brot extra für sich und ihre Kinder. Lucy war gerade dort, um nach dem Seppel zu sehen. Den Sturz aus dem Fenster hatte er ja gut überstanden, aber er war sehr lebhaft und neugierig. So wollte er alles auskundschaften, was in seiner Umgebung möglich war. Die Katzen von Dagoberts waren da genau so interessant wie der krähende Hahn auf dem bewußten Misthaufen. Die Frau Tippmann sagte: „Den Seppel, den kann ich nicht mehr allein lassen. Immer stellt er etwas an. Lucy, könntest du vielleicht

Schlangestehen beim Einkauf

15 LEA Gr.-H. Fisch Fisch LEA Gr.-H. 15

14 LEA Gr.-H. Fisch Fisch LEA Gr.-H. 14

13 LEA Gr.-H. Fisch Fisch LEA Gr.-H. 13

12 LEA Gr.-H. Fisch Fisch LEA Gr.-H. 12

11 LEA Gr.-H. Fisch Fisch LEA Gr.-H. 11

20 LEA Gr.-H. Fisch Fisch LEA Gr.-H. 20

19 LEA Gr.-H. Fisch Fisch LEA Gr.-H. 19

18 LEA Gr.-H. Fisch Fisch LEA Gr.-H. 18

17 LEA Gr.-H. Fisch Fisch LEA Gr.-H. 17

16 LEA Gr.-H. Fisch Fisch LEA Gr.-H. 16

U. S. Besatzungszone

LEA Groß-Hessen

Fischkarte

für Normalverbraucher

über 3 Jahre

gültig ab 16.9.1946

Name

Wohnort

Straße

Nicht übertragbar

Bei Verlust der Karte kein Ersatz

Stempel des Händlers

10 LEA Gr.-H. Fisch Fisch LEA Gr.-H. 10

9 LEA Gr.-H. Fisch Fisch LEA Gr.-H. 9

heute einmal auf ihn aufpassen? Er ist nicht ganz fieberfrei! Sonst hätte ich ihn mit auf's Feld genommen!"
„Das mache ich gerne! Ich bin froh, daß ich nicht auf den Acker muß. Mir tut mein Rücken noch weh vom letzten Mal. Außerdem ist meine Bärbel-Oma und meine Mama Elisabeth sowieso nicht zu Hause. Die Bärbel-Oma ist wegen einem Bezugschein für Wäsche unterwegs und meine Mama steht schon seit der Mittagszeit beim Fischhändler. Die Schlange ist ziemlich groß. Das kann noch dauern, bis sie drankommt! Wegen drei Heringen –! Ich war schnell mal hingerannt, um zu sehen, wie lange es noch dauert. Ich habe ihr Pfefferminztee gebracht – wegen der schrecklichen Wartezeit. Dann bin ich heimgerannt und hingefallen. Mit dem Loch im Knie bleibe ich sowieso lieber hier."
„Gut, Lucy, hier ist ein Butterbrot für den Seppel, und für dich habe ich auch eines dazu gelegt. Der Walter hat sein Brot mitgenommen. Er ist mit seinem Freund verabredet. Sie wollen einen Mann abholen, der aus Ober-Ramstadt kommt, um sich mit dem Schieberhannes zu treffen."
„Der Schieberhannes? Das ist doch der Mann aus dem Oberdorf. Der, der immer alles weiß, wo es Hasen zu handeln gibt, und Tauben und altes Eisen, und Tabak und lauter so Sachen!"
„Ja, das ist der! Es ist mir gar nicht recht, daß der Walter den Gang für den macht. Mir gefällt der nicht. Er macht mir Angst!"
„Kommt der Walter gegen Abend zurück?" wollte Lucy wissen.
„Ja – das hat er versprochen. Nun – er wird sowieso Hunger kriegen, bis dahin! Also – bis später dann, Lucy."
Lucy sah auf die Uhr. Es war nun erst ein Uhr vorbei. Und sie hatte schon Hunger, denn am Mittag hatte es nur eine dünne Kartoffelsuppe gegeben, sonst nichts. Sie besah sich das Stück Brot und roch daran. Da lief ihr das Wasser im Mund zusammen. Sie packte es wieder in das Pergamentpapier, wo es vorher auch darin war und legte es auf den Küchenschrank. Dann wollte sie mit dem Bub spielen. Der war aber müde. Er legte sich einfach hin, mit dem Daumen im Mund, und schlief ein. Lucy spürte das drückende Gefühl im Magen. Es zerrte und krampfte und ließ sie an nichts anderes mehr denken, als an das duftende Butterbrot auf dem Küchenschrank. Da nahm sie das Brot, legte es hinter die Schranktüre und verschloß sie. Obwohl die Brote eingewickelt waren, meinte sie, die Butter zu riechen. Sie hielt sich den Bauch, legte sich neben den Kleinen auf die Decke und versuchte einzuschlafen. Das ging aber nicht. Sie sah immer wieder die beiden Brote vor sich, sah die gelbliche Butter

wie sie glänzend zwischen der Brotkruste schimmerte und an der einen Ecke besonders dick hervorquoll. Da stand sie auf. Sie ging an den Schrank wie eine Traumwandlerin. Zuerst nahm sie das Brot, welches vorne an der Kante lag. Sie wickelte es aus, biß hinein, einmal, zweimal und noch einmal. Eigentlich wollte sie es jetzt zurücklegen. Sie sah auf die Uhr. Viertel nach zwei erst. Noch sehr lange dauert es, bis die Frau Tippmann zurückkommt, dachte sie und seufzte. Vielleicht bringt sie wieder Brot mit! Dann könnte ich doch eigentlich das eine Stück fertig essen, wo es sowieso für mich gedacht ist. Lucy tappte zur Decke zurück. Das Stückchen – ihr Stückchen Butterbrot war nun gegessen – es war ratzekahl alle! Nun lag nur noch das Brot für den Seppel im Küchenschrank. Das lasse ich bestimmt liegen, dachte sie und versuchte zu schlafen. Lucys Hunger wurde immer größer. Da versuchte sie zu beten: „Lieber Herr Jesu, sei unser Gast und segne, was du uns bescheret hast." Was für ein Gebet! Schon wieder mußte sie ans Essen denken. Es war das falsche Gebet, dachte sie und versuchte es mit: „Lieber Gott mach mich fromm, daß ich zu dir in Himmel komm!"

Das wäre auch nicht schlecht, in den Himmel kommen. Da hätte man bestimmt keinen Hunger. Und käme auch nicht dauernd in Versuchung, das zweite Stück Brot auch noch zu essen. Wo es doch für den kleinen Josef bestimmt ist. Was für eine Not. Und der Bauch tut mir so weh. Habe ich vielleicht das Brot zu schnell in mich hineingestopft? Aber da ist ja noch Platz, da drinnen, in meinem Bauch! – Eigentlich würde da leicht noch so ein Stückchen Brot hineinpassen. Aber nein, das tue ich nicht! Es gehört ja dem Seppel! Wenn er aufwacht, wird er bestimmt einen Mordshunger haben und schreien.

Lucy sah wieder auf die Uhr. Vierzehn Uhr fünfundzwanzig! Wie endlos doch so ein Nachmittag sein kann, wenn man Hunger hat und ein Butterbrot im Schrank liegen weiß.

Da fing sie an, die Holzborde des Fußbodens zu zählen, um sich abzulenken. Ein, zwei, drei – – – siebzehn, einundzwanzig, – ach ja, da wird ja der Bub wach.

„Josef, hast du Hunger? Willst du dein Butterbrot essen?"

„Nein, nicht essen", jammerte der Josef und hatte ganz rote Backen. Lucy holte das Butterbrot trotzdem aus dem Schrank. Sie wickelte es auf. Es war ein innerer Zwang. Sie roch daran und wurde blaß. Sie bettelte: „Josef, lieber Josef, bitte, bitte, du mußt das essen – sonst muß ich es essen. Mir ist ganz schlecht vor Hunger."

Der Josef wollte nicht. „Trinken“, sagte er und Lucy holte ihm den Himbeersaft, der auch im Schrank gestanden hatte und legte das Brot zurück. Sie fing wieder an zu zählen. Diesesmal die Mückenschisse auf der weißen Küchenlampe. Einhundertfünfundneunzig zählte sie, dann roch sie die Butter auf dem Brot, obwohl es inzwischen wieder im Küchenschrank lag. Kann man denn in Gedanken etwas riechen? fragte sie sich und dann wußte sie nicht mehr, wie es geschehen war. Jedenfalls war das zweite Butterbrot auf einmal weg. Lucy hatte es gegessen. Sie wischte sich den Mund und meinte zu dem Buben: „Ich hoffe, daß du noch keinen Hunger hast!“

Ob es noch etwas gibt, bis wir drankommen?

Dann wurde es ihr schlecht. Sie schämte sich. Wie hatte sie so etwas tun können? Dem Kind das Brot wegzuessen! Ich kann mich nicht mehr leiden, weinte sie. Der kranke Bub guckte ganz verdutzt. Was soll ich bloß der Frau Tippmann sagen? Die wird mich im ganzen Leben nicht mehr leiden können! Vielleicht bemerkt sie es gar nicht und meint, daß der Josef das Brot gegessen hat?
O Gott, das ist nicht recht. Das halte ich nicht aus. Ich werde zum Bäcker rennen. Vielleicht bekomme ich dort ein Stückchen Brot für den Josef. Hoffentlich ist der alte Bäcker da. Der ist ja ein großzügiger Mensch!
Ich habe mich feindlich benommen. Ich bin dem Kind sein Feind, weil ich ihm sein Essen weggenommen habe. Und ich bin nun auch mein eigener Feind. Ich kann mich überhaupt nicht mehr leiden!
Dann schärfte sie dem Buben ein: „Bleib ja schön hier liegen. Die Lucy will dir nur etwas holen. Sie ist gleich wieder da! Verstehst du? Ich komme gleich wieder!"
Dann rannte sie zur Tür hinaus.
Drüben, beim Bäcker war zum Glück der Laden leer. Die alte Frau erschien und wollte wissen, was Lucy wollte.
„Ich – ich möchte bitte – ist nicht der alte Bäcker da?"
„Nein, der ist heute nicht da! Was willst du denn?"
„Ich möchte bitte ein kleines Stückchen Brot, nur!"
„Ein kleines Stückchen? Ja, wie soll ich das denn machen? Ich kann doch nicht deswegen einen Laib aufschneiden –! Hast du denn keine Märkchen mehr?"
„Nein – die sind schon alle für die Woche!"
„Hast du dir dein Brot nicht eingeteilt, damit es langt?"
„Ja – doch – aber – ich brauch sowieso nur ein Stückchen bitte –!
Es ist dringend – und es ist nicht für mich!"
„Also so etwas – du bist doch wohl nicht am Verhungern, he?"
Lucy schwieg und rührte sich nicht vom Fleck. Die alte Bäckersfrau meinte dann:
„Bleib stehn, ich hole dir was."
Dann kam sie und hatte tatsächlich etwas in der Hand, welche sie bereitwillig herzeigte. „Es sind echte Brandenburger, die müssen auch gegessen werden", sagte sie.
„Brandenburger? Was ist denn das?" wollte Lucy wissen, steckte dankend die beiden schwarzen Brötchen in ihre Schürzentasche und rannte zurück zum Josef. Vor der Haustüre angekommen, blieb sie atemlos

stehen, zog das dunkle Gebäck aus der Schürze, schnupperte daran und riß es schließlich auseinander. Da sah sie, daß es innwendig genau so schwarz war wie außen. Sie probierte ein wenig. „Pfui Teufel, das ist ja die reinste Kohle – das kann man doch nicht essen", jammerte sie. Was mach ich denn bloß? Nun muß der arme Josef hungern, bloß, weil ich ihm sein Butterbrot weggegessen habe. Du lieber Himmel, ich glaube, ich hasse mich!"

Vom Handeln, Stehlen und Morden

Die Frau Tippmann hatte tatsächlich Brot mit nach Hause gebracht. Lucy nahm allen Mut zusammen und gestand mit rotem Kopf:
„Ich habe dem Seppel sein Brot gegessen – weil – er hatte keinen Hunger – nur Durst – und ich – ich habe so viel Hunger."
„Das macht nichts, Lucy – ich habe ja ein ganzes Laibchen heute verdient, sieh mal. Es ist selbstgebackenes Brot – mit Sauerteig, hat die Bäuerin im Backhaus gebacken – du darfst auch ein Stück davon haben –", lächelte sie.
Lucy wußte nicht, wie ihr geschah. Sie spürte, daß die Frau ihr verziehen hatte. Da war sie glücklich. Und sie hatte noch ein Stück Brot. Frau Tippmann machte dem Josef Umschläge, denn er hatte immer noch Fieber. Lucy verabschiedete sich und bedankte sich.
Die Frau Tippmann sagte noch:
„Wenn du den Walter unterwegs triffst, dann schicke ihn nach Hause. Ich habe gar keine Ruhe, weil er für den Schieberhannes unterwegs ist."
Lucy versprach das, aber sie traf den Walter nicht.
Am nächsten Tag rannte Lucy zu der Frau Tippmann und fragte nach dem Walter. Da kam der gerade zur Tür herein und erzählte: „Gestern ist es spät geworden. Der Schorsch und ich, wir haben den Mann aus Ober-Ramstadt getroffen. Er war mit seinem Fahrrad gekommen und hatte allerhand aufgeladen gehabt. Ein Sack, in dem waren Tauben, und in einem anderen waren Stallhasen. Er hat mir einen Hasen geschenkt."
Der Walter zeigte auf die Kiste unter der Bank: „Ein echter Belgier. Und er bekommt Junge."
„Bekommen die Hasenmänner auch Junge?" lachte Lucy.
„Natürlich ist der Belgier ein Weibchen", empörte sich der Walter.
„Und ich werde ihm einen schönen Stall zimmern."
Und warum warst du so lange unterwegs?"

„Weil wir uns verlaufen haben. Der Schieberhannes hat zuerst einen Handel mit dem Ober-Rämschder gemacht und ihn dann nach Mossau geschickt. Wir sind dann mitgegangen, am Arbeitslager vorbei, durch den ganzen Heidelbeerwald bis an den „Steinernen Tisch". Er hat gemeint, daß er den Weg nun allein finden würde. Wir haben ihn hingebracht und haben uns auf dem Rückweg ein wenig verlaufen. Deswegen ist es so spät geworden. Na ja, es ist ja auch dunkel geworden –! Das war ganz schön unheimlich, kann ich euch sagen."
„So etwas macht ihr nicht mehr! Das sage ich dir! Fünfzehn seid ihr erst – und mit einem fremden Menschen durch den Wald – das ist nicht so einerlei", meinte Frau Tippmann und man konnte merken, wie besorgt sie war.
In den nächsten Tagen war Aufruhr im Dorf. Bei drei Familien waren die Hasen aus dem Stall gestohlen worden. Obwohl richtig feste Vorhängeschlösser an den Kästen waren, hatte man sie geholt. Die Diebe hatten ganz einfach den Maschendraht durchgeschnitten!
„Wer macht bloß so etwas?" seufzte der Walter.
„Es gibt außer uns noch mehr Leute, die Hunger haben", meinte Frau Tippmann.
Eine Woche später war der Aufruhr im Dorf noch größer.
Es wurden nicht nur die Hasen aus den Kästen geklaut, es wurde sogar in Keller und Schuppen eingebrochen. Die Täter hatten offensichtlich ausspioniert, wann niemand daheim war. Die Leute waren aufgebracht und sie wurden mißtrauisch gegeneinander. Dann kam ein besonders schlimmer Tag. Man hatte im Wald einen Toten gefunden. Unter dem Gestrüpp versteckt, lag eine männliche Leiche. Die Polizei war im Ort und im Nachbarort war sie auch schon gewesen. Dann kamen die Beamten zur Frau Tippmann und fragten den Walter nach dem Mann aus Ober-Ramstadt. Der Walter und der Schorsch berichteten so gut sie es wußten von dem Mann und von seinen Hasen, Tauben und sonstigen, geheimnisvollen Taschen, die er mit sich geschleppt hatte. Der Walter und der Schorsch waren nun wichtige Zeugen, denn sie hatten den Mann aus Ober-Ramstadt zuletzt lebend gesehen.
Es hatte ein Paar Wochen gedauert. Dann hatte der Spuk ein Ende. Die Polizei hatte den Schieberhannes festgenommen. Es war sicher, daß er den Mann aus Ober-Ramstadt umgebracht hatte. Und das alles wegen ein paar Hasen, ein paar Tauben und einigen Konserven, die der Mann dabei hatte. Mit seiner Verhaftung gingen noch ein paar junge

Männer ins Netz der Polizei. Fünf Burschen hatten sie in diesem Zusammenhang noch geschnappt, die für den Stallhasenklau und die Kellereinbrüche verantwortlich waren.
„Aber eines wundert mich", meinte Lucy nachdenklich: Alle diese Burschen aus dem Dorf, die da geklaut haben – die sind doch Selbstversorger! Die hätten doch genug zu essen gehabt! Warum die das bloß getan haben?"

Die Grenzen des Gartens

Im Jahre 1947 hatte sich die Not der Menschen nicht gelindert. Der Sommer war heiß und trocken bis in den Herbst hinein. Die Kartoffel-, Rüben- und Obsternte war entsprechend gering. Anders die Erdbeerernte im Juni. Die Eisheiligen hatten die Erdbeerblüten verschont, der Mai hatte noch einmal den wichtigen Regen gebracht, und so war nun eine wunderbare Erdbeerernte im Gange. Es duftete über die Felder, selbst durchs Dorf wehte der süße, aromatische Geruch der frisch geernteten Früchte.

Aus der Schulchronik eines Odenwalddorfes

1947 Die Ernährung der Bevölkerung ist unzureichend.
Groß ist die Not im ganzen Land; am größten
die Not der Flüchtlinge.
Die Bauernhöfe werden überlaufen von Leuten,
die tauschen wollen. Auf dem Tauschwege
ist alles zu haben. Der „Normalverbraucher"
(im Gegensatz zum „Selbstversorger") hat überall
das Nachsehen. Auf die vom Wirtschaftsamt
ausgegebenen Bezugsscheine kann man ohne
Kompensationsware nichts erhalten. Der
Bauer hat es leichter und tauscht.

Aus der Stadt kamen die Menschen meistens mit der Kleinbahn, dem „Lieschen", um korbweise die vitaminreichen Früchte heimzutragen. Der Zug war so überfüllt, daß die Menschen wie Trauben noch auf den

Trittbrettern standen und hingen. Die Leute kamen aus dem Raum Darmstadt, von Offenbach und Hanau. Die Zigarettenwährung hatte ihre Blütezeit.
Es wurden nicht nur die beliebten Erdbeeren gekauft, sondern so nebenbei Lebensmittel wie Speck, Eier, Kartoffel, Dosenwurst und so weiter, getauscht gegen Schmuck, Bettwäsche, Stoff oder Kleider. Und die Menschen wollten wieder lustig sein. Deshalb wurden nun wieder Volksfeste gefeiert. Es gab eine Erdbeerkirmes. Die Musikanten spielten zum Tanz auf und das Kino, in dem amerikanische Filme gezeigt wurden, war überfüllt.
Lucy half beim Erdbeerpflücken. Die Sonne brannte und der Rücken tat ihr weh. Am liebsten würde sie jetzt in das Wasser springen wie die anderen Kinder. Das Heu duftete und am Bachrand standen wilde, gelbe Schwertlilien in voller Blüte.

Mähen mit der Sense

Lucy half beim Erdbeerernten bei den Dagoberts. Sie trug damit einen Teil zum Pachtzins des Gartens bei. Sie konnte sich dabei auch richtig satt essen mit den Früchten. Das war wunderbar!
Lucy schaute sehnsüchtig zum Fluß hinunter. Sie stellte alle ihre vollgepflückten Erdbeerkörbchen an den Feldrand. Bald würde der alte Dagobert kommen, um die duftende Ernte abzuholen. Sie zog ihr Kleid aus und rannte im Badeanzug unter den Obstbäumen entlang zum Badeufer der Gersprenz.

Es waren fremde Menschen am Fluß, die ihre Füße im Wasser kühlten und sich erfrischten. Lucy nahm ein ausgedehntes Bad und spritzte mit der Leni um die Wette, die auch schon da war.
„Schade, daß ich wieder auf den Erdbeeracker muß", sagte sie. „Die Dagoberts sind alle auf dem großen Erdbeerfeld in der Buckelskaute. Ich bin ganz alleine auf dem kleinen Erdbeeracker. Ich habe so geschwitzt und langweilig ist mir das auch. Ich muß aber nun wieder hinauf und weiterpflücken. Du hast es gut, du kannst wenigstens im Wasser bleiben."
„Ich würde dir gerne helfen", meinte die Leni.
„Lieber nicht, das sehen sie nicht gerne. Sie meinen dann, es würde zuviel gegessen werden – von den Erdbeeren – dabei gibt es wirklich sehr viele!"
„Ich warte dann, bis du fertig bist."
„Ich habe noch zwei Reihen zu pflücken, dann bin ich fertig."
Lucy rannte erfrischt zu dem Erdbeerfeld zurück. Inzwischen wird wohl der alte Dagobert hier gewesen sein, dachte sie, als sie nur noch zwei ganze Erdbeerkörbchen mit Früchten dastehen sah. Es fehlten mindestens fünf volle Körbchen – –!

Erdbeerernte im Odenwald

Lucy hatte die letzten zwei Reihen durchgepflückt, als der Dagobert kam. „Ist das alles? Bist du nicht weitergekommen?" wollte er wissen. Lucy war beinahe sprachlos. Sie sagte: „Fünf fehlen – es waren noch fünf und die zwei – ich habe alles durchgepflückt – ich dachte, du hättest sie abgeholt."
„Wieso kannst du das denken? Du hättest mich doch sehen müssen", sagte der Bauer. „Ich war mal kurz zum Schwimmen", sagte Lucy kleinlaut. Sie dachte an die fremden Menschen, die sie unten an der Gersprenz gesehen hatte. Mit einmal erinnerte sie sich an die vollen Erdbeerkörbchen, die sie im Schatten der Uferweide hatte stehen sehen. Vor lauter Schreck fing sie an zu stottern: „Die Fremden – unten bei den gelben Schwertlilien – ha – haben – da haben sie die Körbchen versteckt!"
„Wenn's wahr ist", sagte der alte Dagobert. „Es könnte ja sein, daß du schon ein Geschäft gemacht hast, ohne den Wirt – he?"
Lucy spürte, wie es in ihr hochkroch, heftig, kribbelnd. Bis in den Hals spürte sie die drängende Empörung. Da glaubte doch der Dagobert-Bauer, daß ich Geschäfte mit seinen Erdbeeren mache!
Lucy stotterte nicht mehr, als sie nun ihre Meinung laut und deutlich verkündete:
„Verflixt noch mal, jetzt reichts mir aber, ich schufte hier in der Sonne, daß mir der Rücken weh tut und muß mir so etwas anhören. In Zukunft pflück dir deine Erdbeeren selber. Ich brauch die nicht, wenn du glaubst ich hätte sie gestohlen oder stehlen lassen, dann irrst du dich – – und von mir aus kannst du deinen Garten auch behalten, daß du es nur weißt! Du bist mein Feind, das sehe ich!"
Das war das erste Mal, daß sich Lucy richtig laut gegen einen Erwachsenen wehrte. Sie hatte sich in Zorn geredet, aber es tat ihr nicht leid.
Am Abend beichtete sie die Angelegenheit Elisabeth und der Bärbel-Oma. Elisabeth war entsetzt und schimpfte. Die Bärbel-Oma aber sagte: „Es war wohl nicht ganz so richtig, einfach über unseren Garten zu entscheiden. Aber ich verstehe deine Gefühle und ich meine, daß du recht hast. Es hat alles seine Grenzen. Auch unser Garten. Wir lassen es einmal darauf ankommen, aber wir können auch auf den Garten verzichten. Es gibt da noch andere Möglichkeiten!"
„Ja? Was für Möglichkeiten?" wollte Lucy wissen. Da sprach die Bärbel-Oma den rätselhaften Satz: „Schließlich habe ich auch noch einen Garten in Darmstadt – mit – immerhin – einem halben Haus!"

Noch ein Freund in der Not

Inzwischen war es Hochsommer geworden. Es war ein heißer Tag. Die „Frocht“ (Weizen, Roggen, Korn) war schon abgemacht und stand in Garben auf dem Feld. Die „kleinen“ Leute mit ihren Kindern gingen über die Stoppelfelder. Sie gingen gebückt mit suchenden Augen nach einzelnen, verlorengegangenen Ähren. In der linken Hand sammelten sich die langen Halme mit den fruchtbaren Ähren zwischen Daumen und Zeigefinger zu einem ansehnlichen großen Strauß. Wenn die Hand die Menge nicht mehr fassen konnte, wurde er mit Strohhalmen direkt unter den Ähren abgebunden und in den Schatten gelegt. Dann wurde der nächste Ährenstrauß gesammelt.
Das war harte Arbeit in der sengenden Hitze. Die Stoppeln stachen wie kleine Messerspitzen in die Fußknöchel, so daß sie ganz blutig wurden. Doch das war alles nicht so wichtig. Wichtig war nur diese Ernte der kleinen Leute. Keine einzige Ähre durfte übersehen werden! Denn jede einzelne Ähre bedeutete Brot!

Garben wurden mit der Hand gebunden

Die Ährensträuße wurden in die Mühle geliefert, und der Müller gab eine bestimmte Menge Mehl dafür. Für Mehl wiederum gab es beim Bäcker Brot! Und Brot fehlte wieder einmal daheim bei der Lucy.
Die Amerikaner waren nun nicht mehr im Ort; somit war diese Lebensmittelquelle für Elisabeth und ihre Familie nicht mehr vorhanden. Schon über zwei Jahre war es her, daß die Amerikaner gekommen waren. Inzwischen hatten sie sich aus den Dörfern zurückgezogen und sich in Heidelberg, Mannheim, Darmstadt, Babenhausen u. a., niedergelassen. Die Lebensmittel, besonders das Brot, reichte an allen Ecken und Enden nicht. Lucy ging mit den letzten Lebensmittelmärkchen zum Bäcker. Es gab nur ein winziges Laibchen dafür. Das würde diese Woche nicht reichen, das wußte sie. Traurig kam sie aus dem Bäckerladen und schlich enttäuscht am Gartenzaun des Bäckers vorbei. „Gsch", machte es da und Lucy drehte sich herum. „Gsch – gsch – hörte sie wieder und es war niemand zu sehen. Plötzlich stand der alte Bäcker hinter dem Gartenzaun und nestelte an seiner Bäckerschürze herum. Er zog einen großen, knusprigen Laib Brot hervor und steckte ihn Lucy wortlos in die Einkaufstasche, zu dem kleinen Laibchen, welches sie gerade im Laden bekommen hatte. Ehe Lucy noch ein Dankeschön hervorbringen konnte, war der alte Bäcker schon zurückgehumpelt. Er hatte den Finger auf seinen Mund gelegt und machte: „Pst!"
Lucy war sehr glücklich! Diese Woche war nun wieder für ausreichend Brot gesorgt!
Mittags ging sie mit Elisabeth auf das Feld zum Ährenlesen. In der Hinterkuhle waren die Birkenbauersleute mit dem Aufgabeln der Weizengarben beschäftigt. Lucy vermißte den französischen Lui. Elisabeth sagte: „Er ist fortgekommen. Er wird inzwischen zu Hause sein – in Frankreich!"
„Hoffentlich sehe ich den irgendwann mal wieder", meinte Lucy.
Nun spürte sie wieder das nagende, zerrende Gefühl im Bauch, welches den Namen „Hunger" hat.
„Können wir nun endlich auf das Feld, wo sie doch die Weizengarben schon aufgeladen haben?" fragte sie.
„Gleich, wir warten noch bis gerecht ist. Das sieht besser aus. Wir wollen nicht betteln", seufzte Elisabeth. Die Bauersfrau zog nun einen riesigen, breiten Rechen über die Weizenstoppeln.
„Da hängt noch allerhand dran. Wenn man diese fetten Ähren ernten könnte", meinte Lucy und blickte sehnsüchtig auf das Feld gegenüber.

Die Leute spannten nun ihre Kühe vor den hochbeladenen Frochtwagen* und der alte Birkenbauer schleifte etwas unter die alten Apfelbäume, ganz in die Nähe von Lucy und Elisabeth. Er deckte einen Sack darüber und winkte ungeduldig und mit merkwürdig fuchtelnden Händen. Dabei deutete er abwechselnd auf den zugedeckten Gegenstand. Lucy sprang hinüber. Da flüsterte der Birkenbauer: „Da – für euch – es braucht aber niemand zu wissen!"

Das Aufladen der „Frocht"

Dann schlenkerte er unschuldig mit seinem leeren Kaffeekorb und tappte zu seinen Leuten zurück. Die waren gerade dabei, ihre wackeligen, schwerbeladenen Erntewagen mit Heugabeln zu stützen.
Lucy riß den Sack von dem großen Gegenstand. Da lag eine ganze dicke Weizengarbe. Dafür würde man Brot bekommen und schönes, weißes Mehl extra, das wußte sie. Sie schrie vor Freude zu Elisabeth hinüber: „Mama! Juchhee – Heute ist ein Glückstag – erst hat uns der Bäcker geholfen und nun auch noch der liebe, alte Birkenbauer!"
Elisabeth kam und sah, was da lag. Sie hatte glitzernde, feuchte Augen, als sie die Ähren bündelte. Sie sagte leise: „Unser täglich Brot gib uns heute."

Der Flußkrebs als Nahrungsmittel?

Lucy schwitzte durch alle Poren und hatte wieder einmal wunde, zerkratzte Füße vom Stoppelfeldlaufen. Sie war mit Leni zum Schwimmen verabredet. Die Gersprenz hat nahe am Ort eine ziemliche Breite und ist gerade tief genug zum Schwimmen. Es war an derselben Stelle, an der im Juni die Fremden die gestohlenen Erdbeeren versteckt hatten.

Flußkrebs

Als Lucy ankam, war die Leni schon da und spritzte glücklich mit den anderen Kindern um die Wette. Der Schorsch rief Lucy zu:
„Paß auf, dort sind wieder Krebse! Die beißen dich, Lucy!"
Lucy wollte gerade ins Wasser steigen, als sie am Rand, dort, wo es niedriger war, eine Schere hinter einem Stein erkennen konnte; die Schere von einem Krebs. Aufmerksam beobachtete sie die Stelle im sandigen Flußbett. Tatsächlich, jetzt sah sie ihn! Seine linke Schere war etwas kleiner als die rechte. Da hockte er und schien auf sie zu warten. Lucy erschrak. Dann rief der Lennard: „Wenn der Krebs dort sitzt, kannst du ihn fangen und dem Martin bringen. Der Schorsch hat neulich auch einen hingebracht! Er hat dafür zweimal Radfahren dürfen!

Lucy war es nicht ganz geheuer, als sie den Krebs am Panzer packte und hochhob. „Was macht denn der Martin damit?“, wollte sie wissen. „Der Martin ist ein Krebsfreund! Der ißt ihn“, sagte der Lennard, „der kommt in heißes Wasser, dann wird er ganz rot – krebsrot, meine ich – und dann kann man ihn essen“.
„Pfui“, sagte die Lucy und setzte das Tier wieder zurück ins Wasser.
„Klar“, sagte die Leni, „soll gut schmecken, besonders die Scheren, die man auslutschen kann, sollen einen besonders guten Geschmack haben. Ist ja schließlich Fleisch! Und der Martin ist ein Feinschmecker!“
Lucy dachte an das wenige Fleisch, das sie zu essen hatten. Sie konnte sich aber nicht vorstellen, einen so schönen Flußkrebs zu essen. Sie wußte, daß der Martin alles mögliche an Unkraut sammelte, um es zu essen. Im Frühjahr hatte er eine Menge Wurzeln heimgebracht und seine Katrinne hatte Gemüse davon gemacht. Aber einen Krebs essen? Nein – das konnte sie sich nicht vorstellen! Darum sagte sie nachdenklich: „Wenn ich diesen schönen Flußkrebs aus der Gersprenz nehme und dem Martin zum Essen bringe, dann bin ich sein Feind –!“
„Sein Feind? Dem Martin sein Feind!“ wunderte sich der Lennard und bekam seinen Mund nicht mehr zu.
„Nicht dem Martin sein Feind! Dem Krebs sein Feind, meine ich! Aber ich will diesem schönen Tier kein Feind sein! Wirklich nicht! Ich werde ihn retten! Ich bin auch ein Krebsfreund!“
Als Lucy zum Martin gerannt kam, da saß der an einer Nähmaschine und hatte ein Ölkännchen in der Hand! Er hörte auf zu pfeifen, als Lucy atemlos bei ihm Halt machte und sah fragend in die Höhe.
„Was riecht denn bei euch so komisch?“ fragte sie.
„Bist du deswegen gekommen, weil es so komisch riecht?“
„Nein, das konnte ich ja nicht wissen! Riecht vielleicht der Krebs so komisch, den der Schorsch gebracht hat?
Hast du ihn schon gebraten?“
„Nein – der wird nicht gebraten – dort ist er doch noch, sieh mal, Lucy!“
Lucy ging an die Waschschüssel. Es war dieselbe Schüssel, in der neulich der Fahrradschlauch gehängt hatte. Da saß nun dieser stattliche Flußkrebs drin. Er war mit Wasser bedeckt und sein chitinhaltiger, brauner Körper glänzte in voller Schönheit. Lucy war entzückt, und sie hatte ein entschlossenes Glitzern in den Augen, als sie sagte:
„So einen hatte ich gestern auch in der Hand. Drunten in der Gersprenz war das. Zwicken die einen wirklich in den Fuß?“

„Nur, wenn sie deinen Fuß mit einem Fisch verwechseln –!" lächelte der Martin.
„Ach Martin, wie schön der ist! Der hat ja lange Fühler, schau an! –Und da, die Augen – da oben, gleich über der Nase! Ist das die Nase? Er hat auch zwei ungleiche Greifzangen, wie der, den ich gestern gesehen habe. Was für einen glänzenden Panzer er hat! Was machst du mit ihm? Willst du ihn wirklich essen?"
Da seufzte der Martin und sagte: „Den werde ich essen! Aber viel ist ja nicht dran! So ein bißchen Krebsfleisch ist eine Delikatesse, weißt du! Man ißt ja auch Hummer. Das ist ein Krebs, den es im Meer gibt. Freilich ist ein Hummer viel, viel größer als unser Flußkrebs hier. Aber fein schmeckt er allemal – dieser Schöne!"
Das reichte Lucy, und so begann sie mit einem Ablenkungsmanöver. Sie meinte: „Also, hier riecht es nach Fisch und Kartoffelpfannkuchen! Und die Katrinne hat dir schon zweimal zum Mittagessen gerufen".
„Aha", sagte der Martin – „ich habe einen Mordshunger. Du kannst auch etwas abhaben von den Pfannkuchen, wenn du willst!"
„Gleich", hauchte Lucy und das Herz klopfte ihr bis zum Halse, als der Martin schon mal vorging. Lucy wußte, daß der Krebs durch Kiemen atmete. Deswegen nahm sie gleich die ganze Waschschüssel und rannte mitsamt dem Inhalt aus der Werkstatt, zum Ufer der Gersprenz. Viel Wasser war nicht mehr in der Schüssel, als sie damit am Fluß angelangt war. Sie setzte das Tier in eine Vertiefung des Flußbettes, legte sich auf den Bauch und war glücklich als sie sah, wie der Krebs langsam rückwärts unter dem Stein verschwand. Dann lachte sie vor sich hin und rief ins Wasser hinein: „Weil ich dein Freund bin!"
„Freundchen – Freundchen – da bist du ja, mein Freundchen – Was ist, wenn ich dir die Freundschaft kündige?" rief plötzlich eine bekannte Männerstimme.
Ach du Schreck! Da stand der Martin hinter der Lucy und fuchtelte drohend mit dem Finger. Da machte Lucy es dem Krebs nach. Sie schaltete nämlich den Rückwärtsgang ein, und – batsch – saß sie im Wasser! Der Martin gab ihr Hilfestellung und erwischte sie am Arm. Lucy hatte nur eine Sekunde lang Angst, denn dann sah sie das freundliche Glitzern in dem Martin seinen Augen. Das stand in einem gewissen Gegensatz zu seinem barschen Befehlston.
„Hole ihn wieder heraus!" sagte er. Lucy tat, als ob sie suchte und meinte dann: „Der ist nicht mehr da. Ich kann ihn nicht sehen. Der ist rückwärts

da hinuntergekrebst – irgendwo da – wo ich ihn nicht sehen kann. Das tut mir aber leid!"
„Schon wieder gelogen – na warte! Und was soll ich heute Mittag essen?"
„Die Katrinne hat ja Pfannkuchen gebacken, das habe ich gerochen!"
„Ach, ja richtig – weißt du was – und du wolltest doch auch einen abhaben. Komm nur mit. Wir essen zusammen – und dann darfst du mir die Werkstatt saubermachen – dafür, daß du mir den Krebs geklaut hast!"
„Das mache ich glatt – für den Krebs sowieso – wo ich doch dem sein Freund bin", lachte Lucy und ging mit dem Martin zum Mittagessen.

Kartoffelpfannkuchen mit Lebertran

Lucy aß gerne Kartoffelpfannkuchen. Sie ging erst einmal in die Küche zu der Katrinne und sagte höflich: „Guten Tag, Katrinne, der Martin hat gemeint – daß noch ein Pfannkuchen übrig wäre – –."
„Aber gewiß, Lucy, da setz dich mit uns an den Tisch! Du kannst gleich mitessen! Was hast du gemacht? Bist du in die Bach gefallen? Hier ist ein Handtuch, trockne dich erst einmal ab!"
Dann saß die Lucy am Tisch und genierte sich und meinte, sie müßte sich verteidigen, weil sie einen Hunger hatte..
„Bei uns gibt es schon lange keine Pfannkuchen mehr, weil wir nämlich kein Öl mehr haben! Man braucht so viel für die Pfanne – aber – wenn es im Herbst viele Bucheckern* gibt, dann werden wir viele sammeln. Da bekommt man Öl dafür. Wir haben schon einmal welche gelesen. Das war ein gutes Bucheckern-Jahr – vor zwei Jahren – glaube ich.
Man muß aber sehr, sehr viel auflesen. Dafür bekommt man dann nur ganz wenig Öl. Es ist glatt eine schwere Schufterei."
Dann biß sie herzhaft in den Kartoffelpfannkuchen. „Mm – schmeckt etwas komisch – genau wie es riecht – so nach – Fisch – irgendwie."
Die Katrinne und der Martin aßen schweigend und beobachteten sie.
„Also – die schmecken eigentlich besser als sie riechen", meinte Lucy anschließend, und nahm sich glatt noch so einen schönen runden Lekkerbissen auf ihren Teller. „Sind das wirklich Kartoffelpfannkuchen?" wollte sie wissen.
„Na klar sind das Kartoffelpfannkuchen", lachte die Katrinne und erklärte: „Der Geruch kommt vom Öl. Es ist nämlich Lebertran! Den

kann man in der Apotheke bekommen. Wir haben ja auch kein Öl mehr, weißt du! Deshalb haben wir dir Pfannkuchen eben mit diesem guten Fischöl gebacken. Not macht nämlich erfinderisch! Was meinst du, wie gesund du heute gegessen hast!"
Und der Martin ergänzte: „Jawohl – und Vitamine sind da drin, die besonders für Kinder gut sind. Deshalb – wegen der Vitamine – sammle ich ja die Heilkräuter. Davon kann man nicht nur Tee kochen! Manche kann man sogar essen. Wenn du willst, kannst du mitkommen. Ich gehe ganz früh am Morgen oder auch am Abend, wenn es kühl wird. Dann haben sie das beste Aroma. Heute Abend hole ich wieder welche! Wie wäre es?"
Lucy wollte mitkommen. Auf den Rat vom Martin hin nahm sie einen Korb und ein Paar Handschuhe mit.

Heilkräuter, die man essen kann

Lucy schlenderte mit Martin am Waldrand entlang gegen die Viehweide zu. Sie sagte: „Ich kenne schon einige Teepflanzen! Wir haben ja für die Schule gesammelt! Zum Beispiel: Brombeerblätter, Himbeer- und Erdbeerblätter, Birkenblätter, Huflattich, Spitzwegerich und Schachtelhalm", wußte Lucy. Der Martin sagte: „Das ist schön, daß du die kennst, aber man muß auch wissen, was man damit machen kann; zum Beispiel, man kann sie auch essen und das ist in der heutigen Zeit besonders wichtig. Gewiß, die Blätter von der Brombeere geben einen guten Tee. Aber, hast du auch gewußt, daß man die jungen Blätter wie Spinat zubereiten kann? Man kann sie auch als gehacktes Grün in Suppen und im Quark verwenden. Huflattichblätter kann man auch essen. Man kann sie wickeln und vorher mit Hackfleisch füllen wie Krautwickel. Das wiederum kann man auch mit Weintraubenblätter machen. Aber Weintraubenblätter gibt es hier selten. Bleiben wir also bei dem, was wir in Hülle und Fülle haben."
Lucy war erstaunt und fragte: „Und das schmeckt wirklich?"
„Natürlich schmeckt das, besonders wenn man Hunger hat. Du hast ja selbst gemerkt, wie gut die Kartoffelpfannkuchen waren, trotz Lebertran! Außerdem enthalten diese Kräuter viele Vitamine und wichtige Salze. Da, sieh einmal, da wächst der Schachtelhalm auf diesem lehmigen Boden. Er wird auch Zinnkraut genannt! Und weißt du warum? Weil man damit das Zinngeschirr schön blank polieren kann. Aber nicht nur

Zinngegenstände, sondern auch Messinggeschirr und feines poliertes Holz kann man damit blankreiben. Funktioniert heute noch, kannst es ruhig einmal ausprobieren! Außerdem enthält Schachtelhalm Kieselsäure. Diese ist besonders gut für Haut und Haare und Fingernägel!"
„Ja", sagte Lucy, „das ist ja interessant und wozu haben wir die Handschuhe mitgenommen?"
„Für die Brennessel natürlich", sagte der Martin, „aber zuerst wollte ich dir noch etwas vom Schachtelhalm erzählen. Zum Essen eignet er sich weniger. Der Tee davon ist stark wassertreibend und enthält Kieselerde und wichtige Salze. Wenn du Nasenbluten hast, kannst du diesen Teeauszug einschnüffeln und das Nasenbluten hört auf. Der Schachtelhalm ist wirklich ein wunderbares Kraut! Woher der Name ‚Schachtel' kommt, kannst du dir sicher auch denken."
„Ja, gewiß", wußte Lucy, „weil seine Stengel in lauter kleine Schachteln gegliedert sind und ineinander passen."
„So, nun ziehen wir die Handschuhe an, hier hole ich immer die Brennnessel; hier unter den Bäumen ist nicht soviel Staub. Brennessel geben in erster Linie für uns das Gemüse. Und so wie die Katrinne das Gericht zubereitet, schmeckt es glatt wie Spinat."
Lucy rief plötzlich: „Du Martin, die Brennessel rauchen ja, sieh mal, da kommt Rauch raus". Der Martin lachte: „Schön, daß du das siehst, man könnte beinahe meinen, die würden hier etwas brauen. Was aber wie Rauch aussieht, ist in Wirklichkeit der Blütenstaub der Brennessel. Kein Wunder, daß soviel Aberglauben um die Heilkräuter, besonders um die Brennessel rankt. Das sieht wirklich geheimnisvöll aus. Ansonsten ist Brennesseltee anzuwenden wie der Schachtelhalmtee, gegen Erkältungen, ist wassertreibend und stillt auch Nasenbluten. Außerdem ist sie eine Gespinstpflanze wie Hanf oder Flachs. Die Brennesselfaser und das Spinnen daraus kommt in alten Überlieferungen vor, wie im Märchen von den sechs verzauberten Schwänen. Die Jungfrau konnte ihre sechs Schwanen-Brüder dadurch in ihre normale Gestalt zurückbringen, indem sie jedem von ihnen ein selbstgesponnenes Nesselhemd überwarf."
„Das kenn ich, das ist ein Märchen von den Gebrüdern Grimm, stimmt's?" sagte Lucy, während sie ihren Spankorb besah und seinen Inhalt aufzählte: „Jetzt haben wir schon Brombeerblätter, Schachtelhalm" –. „Du kannst dazu noch Himbeerblätter und Erdbeerblätter nehmen und genauso verwenden, fällt mir gerade ein", sagte der Martin.

„Ach ja, wir haben jetzt Brombeerblätter und Brennessel und Schachtelhalm und – ha, was steht denn da – ich weiß, was es ist, Martin, riech mal!“ Sie rupfte an den mächtigen Blättern des Meerrettichs und ließ den Martin riechen. „Ich weiß etwas, was du vielleicht riechen kannst und es kratzt und beißt, wenn man es ißt. Was ist das?“ fragte Lucy.
„Meerrettich“, sagte der Martin und lachte.
„Ach, das ist schade, daß ich kein Messer und keine Hacke dabei habe, damit ich die Wurzel ausgraben kann. Weißt du, meine Bärbel-Oma, die mag den Meerrettich so arg gern“, bedauerte Lucy.
„Nicht jetzt, Lucy, jetzt ist es Anfang August. Da nimmt man die Wurzel vom Meerrettich nicht. Merke dir: Man gräbt die Wurzel nur in den Monaten mit r aus, also: September, Oktober, November, Dezember, Januar, Februar, März und April. Ab Mai, ist es vorbei!“
„Ach so ist das, das kann man gut behalten, das mit den rs! Und was ist eigentlich mit dem Hollerbusch? Im Juni stand er in schönster Blüte und ich und meine Bärbel-Oma, wir haben ein Körbchen voll von seinen Blüten abgemacht und im Schatten getrocknet. Meine Oma sagt dazu Fliedertee, obwohl es doch eigentlich Holunderblütentee heißen müßte. Sie sagt, daß der Fliedertee das Fieber wegtreiben würde, und man darauf schön schwitzen kann, wenn man krank im Bett liegt.“
„Da hat deine Oma aber recht“, sagte der Martin, nahm seinen alten verbeulten Hut ab, verbeugte sich übertrieben tief und sagte zu dem Busch gewandt: „Guten Tag, Frau Flieder, ich bring dir mein Fieber!“
Lucy riß die Augen auf und sagte: „Spinnst du, Martin?“ und Martin erklärte: „Beruhige dich, es hat mir nur Spaß gemacht. Früher wurde diese Handlung tatsächlich so gemacht, wie ich es gezeigt habe. Der Holunder- oder Hollerbusch genoß früher eine besondere Verehrung. Die Odenwälder sagten, vor dem Holunder muß man den Hut ziehen! Es können ja auch alle Teile von der Wurzel bis zu den Blüten und den Beeren im Herbst verwendet werden. Die frischen Blüten im Eierkuchen gebacken geben dem Gericht das gewisse Aroma. Limonaden und Sektweine kann man auf die gleiche Art verfeinern. Köstliche Säfte und vitaminreiche Marmeladen gewinnt man aus den Früchten. Etwas Holundersaft gibt man in die Birnen- oder Zwetschenmarmelade und sie erhält ein prächtiges, schwarz-glänzendes Aussehen. Auch der Stengel wurde verwendet. Man glaubte, etwas abgeschabte Rinde würde gegen schlechte Verdauung von Nutzen sein. Schabte man die Rinde von

oben nach unten, so meinte man, es hilft gegen Verstopfung, und schabte man von unten nach oben, so führte dies zum Erbrechen.
Irgendwie scheint der Strauch etwas mit der Frau Holle zu tun zu haben, weil man ihn wie eine Frau anredet. Frau Flieder!
Eine gewisse Ehrfurcht spricht auch aus der Tatsache, daß man gerne bestimmte Geräte oder auch Kostbarkeiten unter einem Holunderbusch versteckte. Niemand hätte es früher gewagt, in der Nähe eines solchen Strauches etwas Unrechtes zu tun oder auch nur zu fluchen."
Lucy hörte aufmerksam zu. Sie sagte: „Eigentlich ist so ein Hollerbusch eine lebendige Hausapotheke, die man heute noch benutzen kann und ich muß an die Frau Flieder denken, die anscheinend wie eine gute Fee wirkt. Ich kann mir sehr gut vorstellen, daß so ein gutes Wesen dort im grünen Hollerbusch wohnt".
Lucy stellte sich vor, wie die gute Fee mitten im Holunderbusch saß. Sie hatte ein weißes Kleid an aus lauter Holunderblütenspitzen.
Die Hände hatte sie erhoben und winkte lächelnd. Dabei wußte Lucy: Hunger ist nicht nur der größte Feind aller Menschen – Hunger ist auch der beste Koch!

Freundschaft in Gefahr

Radfahren ist schön! Besonders, wenn man zwölf Jahre alt ist! Und besonders, wenn man die kurvenreiche Asphaltstraße den Berg hinunter radeln kann. Ein kleines Hindernis ist es allerdings, wenn man ein großes Herrenfahrrad fährt, und wenn die Beine noch nicht über die Querstange reichen.
Lucy fuhr mit dem alten Herrenrad vom Helmut. Wenn sie das rechte Bein unter die Stange steckte, konnte sie einigermaßen das Fahrrad fortbewegen und gleichzeitig dabei fahren. Mehr oder weniger ist diese Art zu fahren eine akrobatische Leistung. Man kann zum Beispiel nicht so schnell abspringen, wenn Gefahr droht und man irgend einem Hindernis ausweichen will.
So ging es Lucy schlecht, als sie mit Leni die steile Chaussee hinunterfuhr. Zuerst war es wunderbar! Beinahe so rasant wie die Schlittenfahrt im Winter. Fast wäre es gut gegangen. Leni war vorweggefahren. Leni hatte auch ein richtiges Damenfahrrad und sie konnte bequem abspringen, wenn es notwendig war. Leni war schon unten und wartete.

Dann kam Lucy an mit ihrem Herrenrad, das Bein seitlich eingesteckt und hui ging es mit allerhand Geschwindigkeit die Kurven hinab. An der Kreuzung, am Ende der Höhenstraße, liefen die Schienen der Kleinbahn. Bis dahin kam Lucy. Dann verkeilte sich das Vorderrad in die Schienenrille, und batsch lag sie unter ihrem Rad und konnte nicht mehr aufstehen. Das Unheil schien zu nahen. Da kam die Bahn angezuckelt – die Leni stand wie angewurzelt.

Dann mußte sie lachen. Sie stand einfach da und lachte und lachte und konnte nicht mehr aufhören. Sie machte überhaupt keinen Versuch, Lucy unter dem Fahrrad hervor zu helfen. Die Zeit schien still zu stehen. Das „Lieschen" kam immer näher. Da schrie die Leni vor Lachen:

„Du liegst da, wie eine Kieler Sprotte – unter dem Fahrrad – wie plattgedrückt – eine Kieler Sprotte!"

Lucy schrie überhaupt nicht. Sie war unter dem Fahrrad wie festgenagelt und konnte nicht richtig denken vor lauter Schreck. Die Bahn kam angezuckelt – sch, sch, sch, – dann blieb sie stehen. Ein paar Meter vor Lucy hatte sie Dampf abgelassen und stand nun schnaufend wie ein rauchendes, stampfendes Tier vor dem verunglückten Mädchen.

Der Lokführer stieg aus dem Führerhaus und half Lucy unter dem Fahrrad hervor. „Das ist ja noch einmal gutgegangen", sagte er und zerrte das Fahrrad beiseite. Er winkte und stieg wieder in seine Lokomotive und sch, sch, sch, sch, sch, dampfte das Bähnchen weiter. Lucy hatte ein Loch im Knie, welches heftig blutete. Sie versuchte, das Fahrrad zu schieben. Es war ein Achter im Vorderrad und die Luft war auch raus. Es war kaum von der Stelle zu kriegen. Nun konnte Lucy wieder denken und schimpfte so richtig los auf die Leni. Der war inzwischen das Lachen vergangen. Sie sagte: „Es tut mir so leid! Ich konnte nicht mehr aufhören mit Lachen! Das war zu komisch! O, es tut mir leid!"

„Und mich hättest du liegen lassen. Ich wäre überfahren worden, wenn der Zugführer mich nicht gesehen hätte! Du bist ganz schön blöd!"

Leni war blaß geworden und biß sich auf die Unterlippe. Lucy schimpfte weiter: „Ich dachte, du bist meine Freundin! Aber du bist ja furchtbar! Du bist ja mein Feind! Da kann man mal sehen!"

„Ich bin deswegen nicht dein Feind", sagte die Leni und gab Lucy ihr Taschentuch für das blutende Knie. Dann half sie mit der einen Hand, das verbogene Fahrrad von Lucy zu schieben!

„Ich weiß nicht was ich glauben soll – na ja – wenn ich es recht bedenke – ich war nämlich auch schon einmal ein Feind von jemandem", flü-

sterte Lucy gedankenvoll. Die Leni hatte es aber gehört und sie fragte gleich: „Ein Feind? Du? Wieso?"
„Naja – ich habe niemand umbringen wollen oder so – aber ich habe dem Seppel sein Brot weggegessen – das war gemein – das war, glaube ich, eine feindliche Handlung!"
„Und obwohl du den kleinen Josef doch bestimmt lieb hast!"
„Ja, das ist es ja! Ich hatte so einen Hunger! Ich habe überhaupt dauernd Hunger. Manchmal gewöhne ich mich daran, und manchmal tut mir mein Bauch so weh. Und wenn ich etwas gegessen habe, dann tut mir mein Bauch nicht mehr weh." „Ich habe auch immer Hunger", sagte Leni leise. „Und da – deswegen – habe ich dem Josef sein Brot weggegessen. Ich bin mir dann vorgekommen wie mein eigener Feind. Danach habe ich mich – so nach einiger Zeit – da habe ich mich doch wieder leiden können. Ich denke, vielleicht kann ich dich doch noch leiden, mal sehen!"
Die Leni gab sich alle Mühe, daß die Lucy sie noch leiden wollte. Sie schleppten zusammen das verbogene Fahrrad zum Dorf zurück.
„Wie gut, daß es den Martin gibt", seufzte Lucy.
„Guten Tag, Martin, mein Fahrrad ist kaputt, sieh mal", sagte Lucy und Martin betrachtete das Fahrrad und das blutige Taschentuch am Knie.
„Mir scheint, da ist noch mehr kaputt", sagte er, holte ein Fläschchen aus dem Medizinschrank und strich Lucy eine rote Flüssigkeit auf das Knie.
„Au", schrie Lucy, „das brennt ja ganz toll".
„Das macht nichts! Bös muß Bös vertreiben! So wird es wenigstens bald heilen, wenn kein Schmutz mehr hineinkommt", wußte der Martin.
„Martin, was ist mit dem Fahrrad, ich brauch es doch so notwendig" und der Helmut hat es mir geschenkt."
„Ich glaube, das kannst du vergessen", sagte Martin. Lucy war entsetzt.
„Also, vielleicht kann ich dir ein neues zusammenbauen; ich hätte da einen Rahmen übrig – einen Rahmen von einem Damenrad."
„O, das wäre fein", schrie Lucy. „Und die Räder oder mindestens ein Rad und den Sattel kann man von dem Herrenrad noch verwenden. Das gibt dann ein neues! Wunderbar!"
„Ja, wunderbar, aber für umsonst kann ich das nicht machen, es muß bezahlt werden", sagte der Martin. Lucy überlegte laut: „Soll ich dir Krebse bringen? Aber das tue ich nicht, weil die Krebse – die gefallen mir so gut – die sollten nicht gegessen werden – das weißt du doch!"

„Wenn du meinst", zögerte der Martin, „dann wüßte ich vielleicht, wie du es bezahlen könntest!"
„Ich?" fragte Lucy gespannt.
„Ja, du könntest es verdienen, indem du es abarbeiten würdest!"
„Abarbeiten – wie denn?" kam es lahm von Lucy.
„Du könntest mir helfen beim Radputzen, sagen wir: täglich Radputzen und aufräumen."
„Täglich! Wielange täglich und wielange insgesamt?" wollte Lucy wissen.
„Sagen wir – täglich eine halbe Stunde und das zwei Wochen lang – außer sonntags natürlich!"
„Und wenn ich aber mal keine Zeit hab?" fragte Lucy.
„Dann hängst du die halbe Stunde hintendran; du kannst ja alles aufschreiben."
Lucy rechnete: „Zwei Wochen, sind – zwölf Tage – zwölf halbe Stunden – aha – na gut, abgemacht, Martin, und ich bekomme dafür ein fast neues Damenfahrrad!"
Martin strahlte: „Jawohl, und da gebe ich noch einen Extrabonus dazu, nämlich: jeden Tag darfst du anschließend eine Runde Radfahren, mit einem von meinen Damenfahrrädern, aber ohne hinzufallen!"
„Abgemacht", sagte Lucy und strahlte auch.

Selbstverdientes Fahrrad und die Kunst Brot zu backen

Jeden Nachmittag erschien nun Lucy beim Martin und blieb mindestens eine halbe Stunde lang, denn der Martin konnte so schön erzählen, daß die Zeit schnell verging. Einmal brachte er eine Salbe für Lucys Knie und sagte: „Diese Salbe wird dein Knie heilen! Da ist was Gutes drin! Es ist ein Kamillenauszug mit Honig!"
Lucy war erstaunt und fragte: „Honig?"
„Ja, Honig! Honig ist auch gut für Wunden, sagte meine Großmutter schon, und die wußte sehr viel, die war nämlich Hebamme!" sagte der Martin.
Lucy ließ sich ihr Knie frisch verbinden und dann polierte sie die verstaubten Fahrräder auf Hochglanz; der Martin flickte Reifen und die Katrinne machte sich in der Küche zu schaffen. Auf einmal zog ein wunderbarer Duft von der Küche herüber in die Werkstatt.

Lucy schnupperte und stellte fest, daß sie Hunger hatte. Sie tröpfelte Maschinenöl auf einen Lappen und polierte damit die Speichen eines reparierten Fahrrades. Dann stellte sie fest: „Es riecht so wunderbar! Es ist das köstlichste, was ich mir vorstellen kann. Es muß Brot sein? Gäll, die Katrinne backt Brot?"
„Ja freilich", sagte der Martin, „die Katrinne backt jede Woche unser Brot. Wir beschaffen uns das Mehl und die Katrinne backt Brot! Weißt du, für die Brotmärkchen lassen wir uns Mehl geben! Mit Mehl kommt man viel weiter. Das heißt, wir haben mit dem Selbstbacken mehr Brot als wir für die Lebensmittelkarten bekämen. So kann man sich eben weiterhelfen!"
„Und ich", sagte Lucy gespannt, „könnte ich das Rezept bekommen, für Brot zu backen? Was meinst du Martin? Geht das schwer, das Brotbacken?"
„Geh nur und frage die Katrinne, wie sie's macht. Sie wird es dir sicher verraten", meinte der Martin. Lucy wusch sich die Hände und ging zu der Katrinne in die Küche.
Ein frisch gebackener Brotlaib lag braun und knusprig auf dem Tisch und schien Lucy anzulachen. Die Katrinne war gerade beim Brotpinseln. Sie hatte den Backofen vom Küchenherd geöffnet und strich Wasser auf den halbfertigen Brotlaib. Dann schloß sie schnell die Backofentüre und sagte: „Davon wird er schön glänzend".
„Aha", sagte Lucy, „wie das duftet und wie heiß es hier ist".
„Ja, zum Brotbacken muß gut eingeheizt sein. Es braucht eine gute Stunde, bis es fertig ist", erklärte die Katrinne.
„Ich möchte auch Brot backen können", sagte Lucy. „Kannst du mir nicht das Rezept dafür geben, damit ich es mit nach Hause nehmen kann, für die Mama und die Bärbel-Oma?"
„Das kannst du gerne haben, hier ist ein Zettel und ein Bleistift! Da kannst du es aufschreiben und ich diktiere dir! Also, zum Brotbacken braucht man zuerst Sauerteig! Den mußt du selbst herstellen! Das ist ganz einfach! Du nimmst eine große Schüssel und gibst das ganze Roggenmehl hinein. Angenommen, du willst ein Kilogramm Roggenmehl verarbeiten, da mußt du, damit das Brot nicht klebrig wird, ebenso viel Weizenmehl dazutun. Du rührst also das ganze Kilo Roggenmehl mit warmem Wasser schön breiig. Dazu kommt eine Handvoll Kümmel – wegen dem Geschmack, weißt du! Das Weizenmehl kommt erst später hinzu, wenn der Roggenteig schon sauer ist.

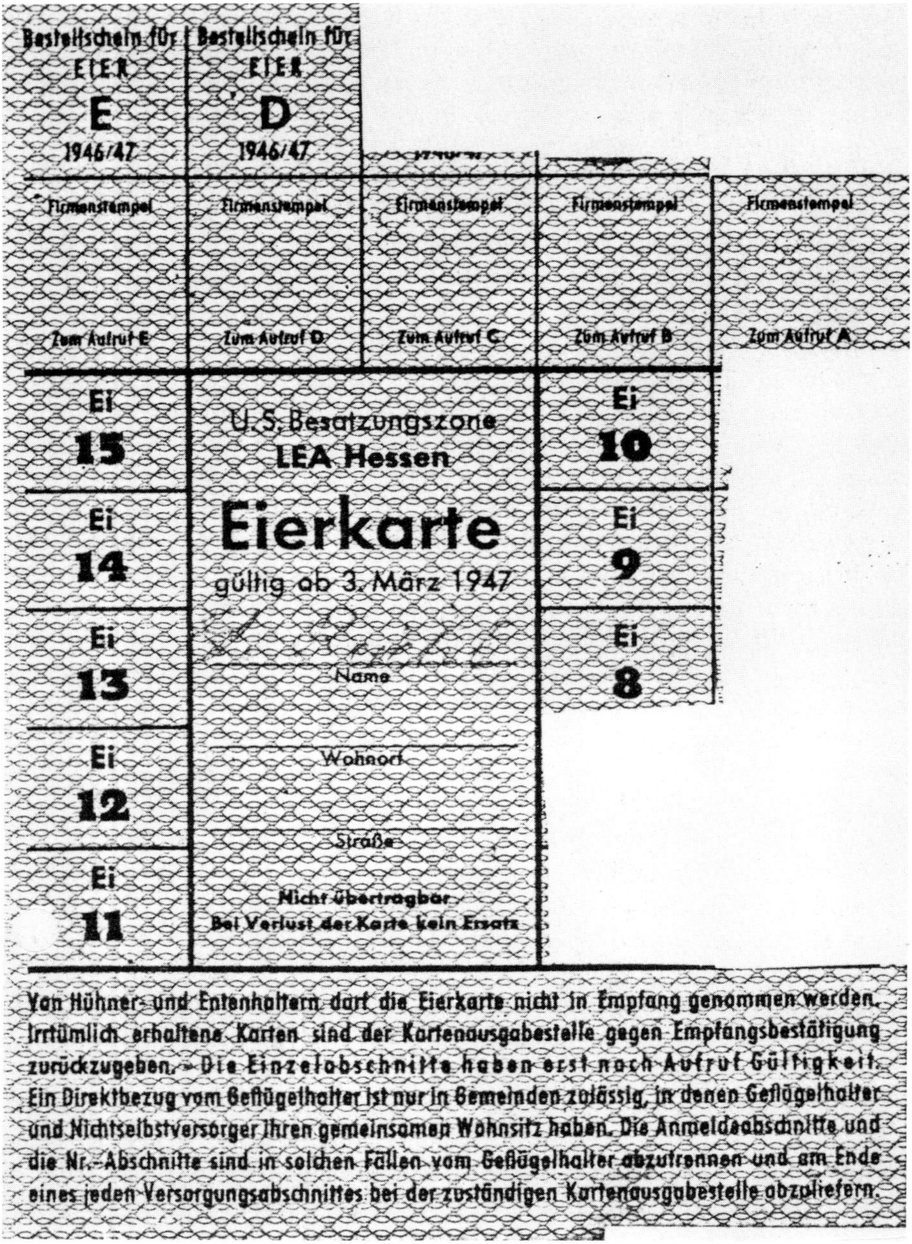

Bestellschein für EIER E 1946/47

Bestellschein für EIER D 1946/47

Firmenstempel — Zum Aufruf E

Firmenstempel — Zum Aufruf D

Firmenstempel — Zum Aufruf C

Firmenstempel — Zum Aufruf B

Firmenstempel — Zum Aufruf A

Ei 15

Ei 14

Ei 13

Ei 12

Ei 11

U.S. Besatzungszone
LEA Hessen

Eierkarte

gültig ab 3. März 1947

Name

Wohnort

Straße

Nicht übertragbar
Bei Verlust der Karte kein Ersatz

Ei 10

Ei 9

Ei 8

Von Hühner- und Entenhaltern darf die Eierkarte nicht in Empfang genommen werden. Irrtümlich erhaltene Karten sind der Kartenausgabestelle gegen Empfangsbestätigung zurückzugeben. – Die Einzelabschnitte haben erst nach Aufruf Gültigkeit. Ein Direktbezug vom Geflügelhalter ist nur in Gemeinden zulässig, in denen Geflügelhalter und Nichtselbstversorger ihren gemeinsamen Wohnsitz haben. Die Anmeldeabschnitte und die Nr.-Abschnitte sind in solchen Fällen vom Geflügelhalter abzutrennen und am Ende eines jeden Versorgungsabschnittes bei der zuständigen Kartenausgabestelle abzuliefern.

„Ich mag aber keinen Kümmel", entsetzte sich Lucy.
„Ach wirklich?", sagte die Katrinne und lachte: „Ausnahmsweise schneide ich das Brot schon an, damit du probieren kannst wie es schmeckt. Es ist ja noch nicht ganz kalt. Also, hier bitte!"
Die Katrinne schnitt in den fertigen frischen Brotlaib, daß es knisterte. Ein feiner Dampf stieg aus dem Ranken, den sie Lucy unter die Nase hielt. Mißtrauisch suchte Lucy die Kümmelkörner und konnte sie auch finden. Sie roch an dem Brot und dann biß sie hinein. Sie nickte mit dem Kopf und klopfte sich den Bauch. „Oh, ist das wunderbar – so frisch und so gut hat mir noch nie ein Brot geschmeckt", schmatzte sie, „das müssen wir unbedingt auch lernen – kein Kümmelgeschmack zu schmecken".
„Also Sauerteigmachen geht folgendermaßen: In das Roggenmehl mußt du soviel lauwarmes Wasser hineinrühren, bis daraus ein Brei entsteht", erklärte die Katrinne. „So, dann deckst du die Schüssel zu, aber nicht zu fest, und stellst sie warm; entweder ans sonnige Fenster oder ganz hinten auf den Herd. Er darf nicht zu heiß stehen! Nach eins bis zwei Tagen wird der Brei zu gähren anfangen. Das sieht man an den Bläschen, die sich bilden, und man kann es riechen. Es riecht sauer, weil du nun einen Sauerteig fabriziert hast. Und nun erst wird der Brotteig gemacht. Das geht genau wie Hefeteig. Deine Mutter und deine Oma wissen, wie das geht! Darum werden wir von nun an auch Brot backen können! Also, ich nehme Roggenmehl und Weizenmehl zu gleichen Teilen, sagen wir: von jedem ein Kilogramm – mache in die Mitte eine Mulde und gieße den Sauerteig hinein. Auf den Mehlrand streue ich ungefähr drei Eßlöffel Salz. Dann gebe ich warmes Wasser in die Mitte und rühre alles zu einem dicken Brei, den ich gewaltig schlagen muß, so daß er Blasen bekommt. Ich gebe soviel Mehl dazu, daß ich ihn kneten kann. Ich forme daraus zwei oder drei Brote. Mit einer Gabel steche ich kleine Löcher hinein, damit es gleichmäßig aufbacken kann. Nun wird das Brot mit einem sauberen Küchentuch zugedeckt und an einen warmen, zugfreien Ort gestellt, damit es aufgehen kann. Nach ein paar Stunden, wenn sich das Brot ungefähr um das Doppelte vergrößert hat, bestreiche ich es mit lauwarmem Wasser und gebe es in den vorgeheizten Backofen. Während des Backvorgangs pinsele ich es noch ein- bis zweimal, damit es schön glänzend wird. Daß ich es nicht vergesse zu sagen: man kann auch von dem Brotteig etwas übrig lassen und hat dann für die nächste Woche seinen fertigen Sauerteig.

Auf jeden Fall weißt du nun, wie der Sauerteig grundsätzlich hergestellt wird! Nun kann eigentlich nichts mehr schief gehen!"
Lucy schrieb das Rezept für Sauerteig auf und ergänzte:
Brotteig wird gemacht wie Hefeteig, aber nicht mit Hefe, sondern mit Sauerteig. Ist ganz katzenleicht (einfach) zu machen und schmeckt vorzüglich!

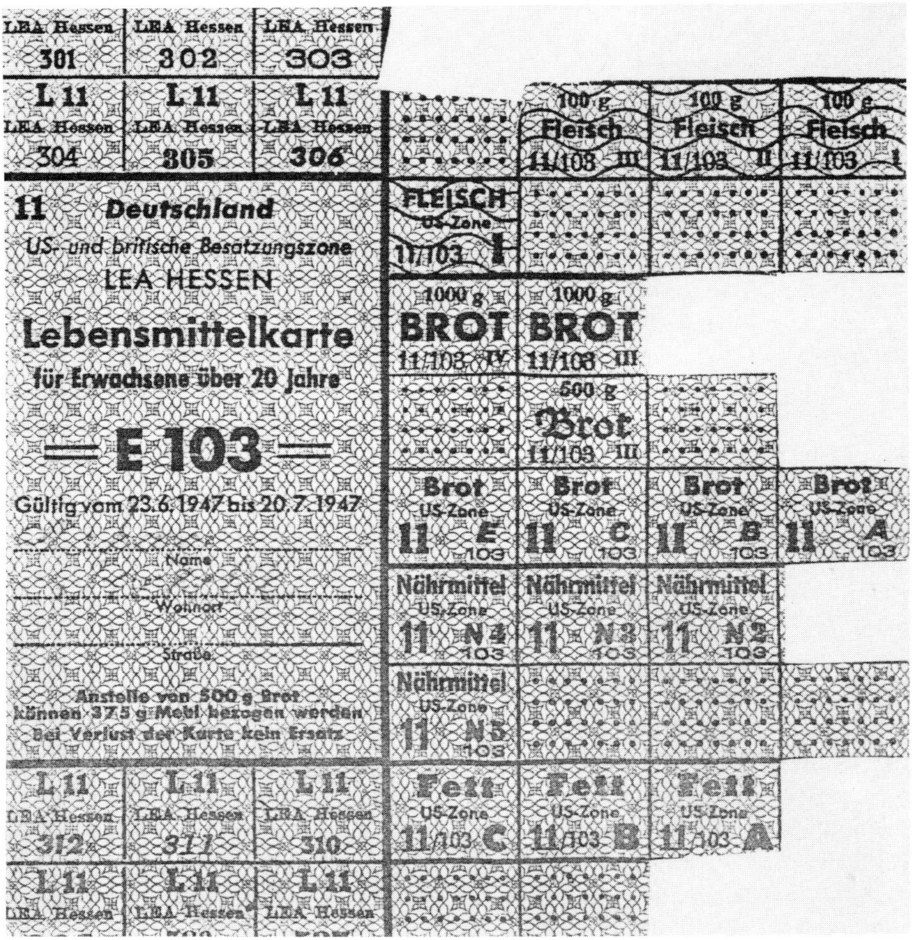
LEA Hessen 301 | LEA Hessen 302 | LEA Hessen 303
L 11 LEA Hessen 304 | L 11 LEA Hessen 305 | L 11 LEA Hessen 306
100 g Fleisch 11/103 III | 100 g Fleisch 11/103 II | 100 g Fleisch 11/103 I
FLEISCH US-Zone 11/103 I

11 Deutschland
US- und britische Besatzungszone
LEA HESSEN
Lebensmittelkarte
für Erwachsene über 20 Jahre
E 103
Gültig vom 23.6.1947 bis 20.7.1947
Name
Wohnort
Straße
Anstelle von 500 g Brot können 37,5 g Mehl bezogen werden
Bei Verlust der Karte kein Ersatz

1000 g BROT 11/103 IV | 1000 g BROT 11/103 III
500 g Brot 11/103 III
Brot US-Zone 11 E 103 | Brot US-Zone 11 C 103 | Brot US-Zone 11 B 103 | Brot US-Zone 11 A 103
Nährmittel US-Zone 11 N4 103 | Nährmittel US-Zone 11 N3 103 | Nährmittel US-Zone 11 N2 103
Nährmittel US-Zone 11 N5 103
L 11 LEA Hessen 312 | L 11 LEA Hessen 311 | L 11 LEA Hessen 310
Fett US-Zone 11/103 C | Fett US-Zone 11/103 B | Fett US-Zone 11/103 A
L 11 LEA Hessen | L 11 LEA Hessen | L 11 LEA Hessen

Man kann immer noch dazulernen

Natürlich mußte das Brotrezept gleich ausprobiert werden. Lucy ruhte nicht eher, bis die Bärbel-Oma ihre Hilfe versprach. Lucy rührte den Sauerteig an und stellte ihn warm. Jeden Tag beobachtete sie den Roggenbrei und roch daran. Endlich, am dritten Tag war es soweit, daß sich Bläschen bildeten. Die Gährung hatte begonnen. Es roch sauer. Die Bärbel-Oma krempelte die Ärmel hoch und verarbeitete den Sauerteig in einer riesigen Mehlschüssel. Lucy fragte: „Hast du auch Salz und Kümmel dran?“ „Ja, selbstverständlich!“

Das Brot roch herrlich, als es die Bärbel-Oma aus dem Backofen holte. Lucy pinselte es noch einmal mit Wasser und wollte es gleich anschneiden, aber die Bärbel-Oma ließ es nicht zu und sagte: „Es ist nicht gesund, so warmes Brot zu essen. Wir warten damit, bis deine Mutter vom Feld heimkommt“.

Es war ein richtiges Festessen, wobei das Brot der Mittelpunkt war. „Mir ist mindestens so feierlich zumute wie beim Abendmahl in der Kirche“, meinte die Bärbel-Oma und betrachtete andächtig ihr Stück Brot, ehe sie hineinbiß. Ein unterdrückter Schrei ließ Lucy und Elisabeth erstaunt aufblicken. Die Bärbel-Oma hielt ihre Hand vor den Mund und mümmelte: „Mein Zahn, mein Zahn ist raus!“

Ja, hart war die Brotkruste und das war ungewohnt. Die Bärbel-Oma nahm entschlossen das Brotstück, schnitt die Rinde ab und tunkte sie in ihren Malzkaffee. „Trotzdem ist es wunderbar, Brot backen zu können, Lucy, du kannst es mir glauben, es tut mir nicht leid, daß ich das noch gelernt habe! Auch wenn ich mir dabei einen Zahn ausgebissen habe. Wenn ich später in Darmstadt bin, werde ich in Zukunft auch Brot backen. Das ist doch wirklich seltsam: Man kann so alt werden wie eine Kuh, man lernt immer noch dazu“.

Die Bärbel-Oma im zerbombten Darmstadt

Nun schrieb man schon das Jahr 1948. Es war schönster Frühling, und die Bärbel-Oma war schon wochenlang in Darmstadt. „Ich kann mein Haus nicht so lange allein lassen“, sagte sie. Lucy vermißte sie sehr. Sie wußte, daß die Bärbel-Oma in einem halben Haus wohnte, weil die andere Hälfte wie mit dem Rasiermesser abgeschnitten war. Sie war einmal mit Elisabeth zusammen mit dem Zug nach Darmstadt gefahren und hatte

die Trümmer gesehen. Staubig war es damals und es roch seltsam. Da starrten verbogene Eisenstäbe zwischen den verschütteten, zusammengefallenen Häusern hervor wie rostige Finger einer gierigen Hand, die alles, alles haben will. Einmal sah Lucy plötzlich neben sich ein offenes Kellerloch und da wußte sie, daß sie sich irgendwo in einem ehemaligen Haus befand. Zwischen den Trümmern stand grotesk eine Wand. Die war noch drei Stockwerke hoch. Das konnte man an dem Umrissen der ehemaligen Treppenstufen sehen. Oben, im letzten Stock hing ein Küchenherd sinnlos an der Wand. Lucy sah Menschen, die Steine aus den Trümmern hackten. Sie luden die Steine, die sie vorher von Mörtelresten abgeklopft hatten, auf Schubkarren oder kleine Handwagen und brachten dieses kostbare Baumaterial auf ihr Grundstück, um mit eigenen Händen den Wiederaufbau zu beginnen. Die Bärbel-Oma erzählte, daß sie auch einmal mit dieser Absicht ihren Handwagen voll Steine geladen und ihn zu ihrem Hause geschoben hätte. Sie hätte die Steine vor ihrem Hauseingang gestapelt, aber am anderen Morgen wären sie wie vom Erdboden verschwunden gewesen.
Andere Menschen hatten sie einfach gestohlen. Wie schnell war einer des anderen Feind geworden. Jeder versuchte, den kleinsten Vorteil aus den zerbombten Trümmern für sich zu ergattern. Sie hatte es von da an aufgegeben, selbst und alleine aufzubauen. Aber sie wollte ihr übriggebliebenes Haus nicht sich selbst überlassen und so blieb sie öfters einige Zeit in Darmstadt. Während ihrer Abwesenheit paßten ihre Nachbarn, die sich glücklicherweise wieder eingefunden hatten, auf ihr Eigentum auf. So pendelte die Bärbel-Oma von Zeit zu Zeit zwischen Darmstadt und dem Odenwald hin und her.

Laufen ohne Schuhe?

In der letzten Unterrichtsstunde gab die Lehrerin bekannt: „Nächste Woche machen wir einen Ausflug. Richtet euch danach und vergeßt nicht, Brote und Tee mitzunehmen. Wir wandern bis zum Felsenmeer. Das ist ein strammer Marsch. Wir werden ungefähr drei Stunden brauchen, bis wir hinkommen. Zieht euch gutes Schuhwerk an!“ Die Kinder tobten vor Freude und waren kaum noch zu halten. Die Leni fiel der Lucy um den Hals und schrie „Juchhee“. Die Lucy betrachtete nachdenklich ihre Schuhe und spielte mit den großen Zehen, die vorne aus den Halbschuhen herausragten.

Stein für Stein –
Frauen helfen beim
Wiederaufbau

Kinder bei Aufräumarbeiten

„Was ist?“ fragte Leni. „Warum freust du dich nicht?“
„Ich weiß nicht, wie ich das machen soll“, sagte Lucy, „mit diesen Schuhen schaffe ich das bestimmt nicht. Es sind meine Einzigen.“
„Die sind viel zu klein, wie meine auch“, sagte Leni und wackelte ebenfalls mit ihren Zehen, die sich auch schon im Freien befanden, weil die Lederkappe vorne aus Platzmangel einfach abgeschnitten worden war. „Meine sind noch fest, nur muß ich aufpassen, daß ich mich nicht stoße. Das tut nämlich verflixt arg weh, an den Fußzehen“, seufzte Leni.
Lucy prüfte die Fußsohlen und die Seitennaht. „Die sind durch und durch. Die Seitennaht hält das nicht mehr aus“, jammerte sie. „Dabei schone ich sie noch, weil ich so viel barfuß laufe“.
„Also, wenn du nicht bei dem Ausflug mitkommen kannst, dann gehe ich auch nicht mit“, sagte Leni.
„Ich muß mal meine Mama fragen“, sagte Lucy. „Ich glaub wir haben noch einen Bezugschein für Schuhe. Neulich waren nämlich keine zu kriegen, da haben wir ja immer noch den Bezugschein übrig. Vielleicht klappt es in dieser Woche noch und ich kann den Ausflug mitmachen!“
Lucy kam an diesem Tag von der Schule heimgestürzt, und wollte von ihrer Mutter wissen, ob der Bezugschein für Schuhe noch gültig wäre.
„Natürlich ist der noch gültig“, sagte Elisabeth, „aber ob du Schuhe dafür bekommst, ist eine andere Frage – jetzt, kurz vor der Währungsreform.

Landeswirtschaftsamt für Großhessen
SCHUHREPARATUR-KARTE
Name:
Wohnort:
Straße:
am 27.8. 1947
eingetragen bei:
(Unterschrift und Stempel des Schuhmachers)
Schuh- 8 besohlung
Schuh- 2 besohlung
Schuh- 9 besohlung
Schuh- 3 besohlung
Schuh- 10 besohlung
Schuh- 4 besohlung
Schuh-
Schuh-

Währung vor der D-Mark

„Währungsreform? Was ist denn das?“ wollte Lucy wissen.
„Es gibt bald neues Geld und dafür kann man wieder alles kaufen“, sagte Elisabeth.
„Auch Schuhe“, fragte Lucy ungläubig.
„Auch Schuhe! Und ohne Bezugschein!“ versprach sie.
„Aber ich brauch Schuhe jetzt, weil ich doch bei unserem Schulausflug mitmachen will, und weil ich mit meinen Schlappen hier nicht mehr so weit komme.“
„Ach du lieber Himmel, das tut mir leid, Lucy – nein, mit den Schuhen kannst du den Ausflug wirklich nicht mitmachen“, sagte sie.

Bezugschein ja – Ware nein!

„Wir versuchen es doch noch einmal mit dem Bezugschein“, meinte Lucy und fuhr mit ihrem Fahrrad zu dem einzigen Schuhladen im Ort und zeigte den Bezugschein. Sie sagte: „Ich brauche dringend neue Schuhe, mit meinen komme ich nicht bis zum Felsenmeer. Da kann ich nämlich den Ausflug nicht mitmachen.“
Die Frau schüttelte den Kopf und sagte: „Es tut mir leid, wir haben keine Schuhe mehr – überhaupt keine – auch keine Kinderschuhe. Es ist leider nichts mehr zu kriegen.“ Enttäuscht fuhr Lucy wieder heim. Elisabeth meinte: „Es muß mit dem neuen Geld zusammenhängen. Man munkelt, daß die Schieberzeit bald zu Ende wäre. Mit dem neuen Geld soll alles anders werden. Trotzdem wollen wir morgen zusammen in die Kreisstadt nach Erbach fahren. Wir wollen versuchen, dort unseren Bezugschein los zu werden und ein paar Schuhe aufzutreiben.“
Sie fuhren mit dem „Lieschen“ bis nach Reinheim. Von dort aus mußten sie umsteigen in den anderen Zug, um in die Kreisstadt zu kommen. Das war eine anstrengende Sache. Der Zug war so vollgestopft, daß niemand hätte umfallen können. Die Hamsterer waren wieder unterwegs. Das waren Menschen, die Hunger hatten, und die alles Mögliche anboten, um dafür etwas zum Essen zu ergattern. Die Leute trugen Rucksäcke Taschen und Körbe. Darin waren schöne, duftende Erdbeeren und es war ein Wunder, daß die nicht zerquetscht wurden.
„Ob die alle mit Geld und Bezugscheinen eingekauft haben?“ fragte Lucy. „Natürlich nicht“, sagte Elisabeth, „die haben alle etwas mitgebracht zum Tauschen. Vielleicht Bettwäsche, Schmuck, Zigaretten – oder sogar Schuhe, wer weiß! Und wir kamen mit leeren Händen, das

heißt, wir gehen mit einem Bezugschein und Geld, das nichts mehr wert ist, in die Kreisstadt und wollen Schuhe kaufen. Das ist Irrsinn. Das hätten wir uns sparen können“, erkannte sie nun. Die Schuhläden waren, wie alle anderen Läden, alle leer. Da hingen nur Reklameschilder und alte Plakate. Lucy faßte sich ein Herz und überredete ihre Mutter, mit in den nächsten Schuhladen zu gehen. Elisabeth kam mit. Es war aber sinnlos. Sie wurden gefragt: „Was haben Sie?“ Elisabeth zeigte ihren Geldbeutel und den Bezugschein. „Nein“, sagte die Frau, „wir haben schon lange keine Schuhe mehr. Es ist ja nichts zu kriegen in diesen schlechten Zeiten.“
„Ich habe es gewußt, es ist sinnlos – so ein Blödsinn! Man kann doch heutzutags nicht einfach in ein Geschäft gehen und Schuhe kaufen. Wenn ich bloß etwas mitgebracht hätte zum Tauschen – aber was? Schmuck habe ich keinen mehr; den haben wir sozusagen schon lange aufgegessen, weil ich damals Kartoffeln und Eier dafür bekommen habe. Ich hätte vielleicht zwei Körbchen voll Erdbeeren mitbringen können – aber, ob das gereicht hätte, wer weiß – nun ist es sowieso zu spät“, lamentierte sie. Erschöpft und müde drängelten sich beide wieder in die vollgestopfte Bahn und fuhren mit ihrem Bezugschein wieder nach Hause.

Fahrkarte für das „Lieschen“

Vom Keller bis zum Dachboden auf Schuhsuche

Das Problem mit den Schuhen war noch nicht gelöst, und Lucy wollte unbedingt mit zum Felsenmeer. Das machte sie unternehmungslustig. Sie verkündete: „Ich stelle das ganze Haus auf den Kopf, den Keller und den Dachboden. Vielleicht finde ich in irgendeiner Ecke doch noch ein Paar alte Galoschen. Mir wäre es egal, wie die aussehen. Hauptsache, die halten bis zum Felsenmeer und zurück.

Lucy fing im Keller mit der Sucherei an. In den Ecken war es ziemlich dunkel, und so nahm sie die kleine Laterne mit. Sie schlüpfte hinter den Sauerkrautständer und entdeckte als erstes einen kleinen Rucksack, der an der Wand hing. Sie prüfte ihn sorgfältig und stellte mit Genugtuung fest, daß er noch gut war. Den kann ich gut gebrauchen, da paßt mein Brot hinein und die Teeflasche und auf dem Rücken trägt es sich leichter, dachte sie.

„Es wäre doch gelacht, wenn ich nun nicht auch noch Schuhe finden würde", sagte sie laut in den dämmrigen Kellerraum hinein. Sie schlüpfte von Ecke zu Ecke. Da stieß sie mit dem gebückten Rücken an das Marmeladeregal und ein leeres Glas viel herunter und sprang in tausend Scherben. Sie rannte hoch in die Küche, holte Schippe und Besen und sprang in den Keller zurück. Dann hielt sie die Laterne hoch, leuchtete in alle Ecken und seufzte.

„Nein", sagte sie, „hier sind keine Schuhe zu finden. Na, wenigstens habe ich den Rucksack entdeckt". Sie blieb noch einen Augenblick stehen und erinnerte sich. Da stand die alte, gepolsterte Bank mit den Lehnen, auf der sie damals öfters eingeschlafen war, wenn sie hier unten warten mußten. Damals – bevor die ersten Brandbomben in Dorfnähe niedergegangen waren, waren sie noch in ihren eigenen Keller gegangen. Später hatten sie aus Sicherheitsgründen in den Weinkeller des Nachbarn gewechselt, wo sie ja auch damals die Nacht der Kapitulation* erlebt hatten.

„Kommt zu uns – da seid ihr sicherer – unser Gewölbekeller hat meterdicke Wände", hatte die Bauersfrau hilfsbereit angeboten gehabt.

Lucy setzte sich einen Augenblick auf die Bank und hing ihren Gedanken nach. Sie spürte die Geborgenheit, die von dem Möbelstück ausging und strich zärtlich über den samtenen Möbelstoff, ehe sie, mit Spinnweben dekoriert, die Kellertreppe hinaufrannte.

„Ich gehe nun auf den Dachboden", rief sie ihrer Mutter zu, die gerade

beim Wäscheaufhängen war. „Bis jetzt habe ich noch keine Schuhe gefunden, aber einen kleinen Rucksack habe ich entdeckt, den ich für den Ausflug gut gebrauchen kann", sagte sie.
Lucy nahm die Leiter und stellte sie an die Dachluke. Als sie hinaufgekrabbelt war, stellte sie fest, daß es hier immer noch so gut nach Heilkräutern duftete wie früher. Hier oben hatte sie die Brombeerblätter und den Huflattich und alle Heilkräuter getrocknet, die sie dann in der Schule abgeben mußte. Dort am Deckenbalken hing noch ein getrockneter Kamillenstrauß. Der war eigentlich für die Bärbel-Oma bestimmt und er war vergessen worden. Lucy suchte nach Schuhen und ließ die Kamillen hängen. Sie öffnete die Türe des alten Schrankes und fand einen Stoß Bücher. Im oberen Hutgefach lag ein Paket mit dickem Packpapier umwickelt. Erwartungsvoll öffnete sie es. Da waren aber auch keine Schuhe drin. Dafür kamen da feine, weiße Spitzentücher zum Vorschein. Spitzen für Blusen und Kleider. Sie gefielen Lucy sehr, und sie nahm sich vor, sie der Mama mit nach unten zu bringen. Diese Spitzen ließen bei ihr ein Bild entstehen. Da saß die gute Fee im Schrank. Sie hatte ein weißes Spitzenkleid an und war unbeweglich. Sie lächelte nicht, aber sie war einfach da!
In den hintersten Ecken stand ein altmodischer Kinderwagen mit großen Rädern. Lucy schob ihn an das helle Dachfenster und öffnete neugierig den Karton, der darinnen lag.

Das neue Problem mit den alten Schuhen

Sie staunte nicht schlecht, als sie nun tatsächlich und endlich ein Paar Schuhe darin fand. Es waren keine Kinderschuhe und sie waren auch nicht neu. Es waren braune Halbschuhe mit guten Sohlen. Lucy probierte sie sofort an. Sie schnürte sie ganz fest zu, damit sie passen sollten. Sie waren aber zu groß. Wenn Lucy ein paar Schritte lief, hatte sie Mühe, sie nicht zu verlieren. „Verflixt noch mal", sagte Lucy, „wie kriege ich die bloß kleiner".
Dann stieg sie die Bodenleiter herab und rannte zu ihrer Mutter. „Ich habe Schuhe gefunden, nun wird es doch noch klappen mit dem Ausflug", rief sie. Elisabeth betrachtete die Schuhe und runzelte die Stirn. „Du, ich glaube, die sind viel zu groß, wer weiß, wer die einmal getragen hat", sagte sie.
„Das kann ich dir sagen", lachte die Bärbel-Oma, die gerade zur Türe hereingekommen war. „Die sind noch von meinem Bruder, das sehe ich.

Früher wurde auch nichts weggeworfen. Man hat da ja auch früher schon schlechte Zeiten erlebt!"
Lucy wußte, daß von dem Mann gesprochen wurde, der vor nicht allzulanger Zeit gestorben war, und dessen Haus Elisabeth übernommen hatte.
„Der lebte aber auf großem Fuß", meinte Lucy und betrachtete die Schuhe. „Freilich sind die zu groß, ich werde sie kleiner machen", rief sie entschlossen. Dann suchte sie einen Karton und schnitt daraus gleich zwei Paar Sohlen. Die legte sie in die Schuhe und band den Schnürsenkel ganz, ganz fest. „Es geht" rief sie erleichtert und lief mit den großen Schuhen in der Küche hin und her. „Etwas rutsche ich noch nach vorne, ha, da werde ich etwas hineinstopfen! Das wäre ja gelacht, wenn das nicht klappen würde!" Sie nahm etwas Zeitungspapier und stopfte es in die Schuhspitze. „So, jetzt noch etwas Watte, Mama, hast du noch etwas Watte, damit meine Fußzehen nicht anstoßen?" Elisabeth brachte Watte und half Lucy beim Feststopfen. Sie lachte, als sie Lucy mit den großen Schuhen hin und her laufen sah. „Meinst du wirklich, daß du mit diesen Latschen den weiten Weg bis zum Felsenmeer laufen kannst?" sagte sie und hatte erhebliche Zweifel in ihrer Stimme.
„Klar", sagte Lucy, „das schaffe ich leicht".
Um die Schuhe auszuprobieren, rannte Lucy nun zur Leni und hüpfte von einem Bein auf das andere. „Siehst du nichts", sagte sie erwartungsvoll zu Leni und hielt das rechte Bein in die Höhe.
„O, Schuhe, du hast Schuhe. Aber neu sind die nicht, nur groß sind die – meine Güte!" sagte Leni.
„Ja", sagte Lucy, „da kann ich noch hineinwachsen. Die haben dicke Sohlen und feste Nähte. Mit denen kann ich den Ausflug zum Felsenmeer mitmachen. Die halten was aus! Die sind felsenfest, wenn sie auch nicht gerade elegant sind."
„Kannst du denn darin laufen?" fragte sie.
„Siehst du doch!" sagte Lucy und lief hin und her.
„Daß die so furchtbar lang sind, geht ja noch, wenn die bloß nicht so schrecklich breit wären", meinte Leni und schüttelte entsetzt den Kopf. Dann fügte sie noch bedenklich hinzu: „Meinst du nicht, daß die anderen Kinder lachen werden, wenn sie das sehen?"
„Meinetwegen! Sollen sie lachen! Aber ich habe gesehen, daß die anderen Kinder auch nicht gerade die schönsten Schuhe haben", sagte sie.

„Die Irmtraut zum Beispiel hat genauso abgeschnittene Schuhe an, wie du sie trägst und wie auch meine anderen sind: vorne offen, damit sich die Zehen guten Tag sagen können –! Und der Lennard, der hat so geschnürte Schuhe an, die auch viel zu groß sind, das sieht man doch. Und der Schorsch, der hat immer diese Holzschuhe mit Lederflecken an. Mit solchen Schuhen möchte ich nicht bis zum Felsenmeer wandern. Und die Irmtraut hat nur Sandalen, habe ich gesehen!"
„Ja, das stimmt", nickte Leni und meinte mit einem Blick auf ihre Zehen, die sich auch im Freien befanden: „Auf jeden Fall nehme ich Verbandszeug mit. Man kann nie wissen, ob es mal gebraucht wird".
„Das ist eine gute Idee, verflixt noch mal! Immer müssen wir vor etwas Angst haben! Sind es nun keine Tiefflieger mehr – keine Feinde, die töten wollen, so haben wir wieder vor etwas anderem Angst! Diesesmal sind es die Schuhe, die wir nicht haben! So ein Mist!", seufzte Lucy ärgerlich.
Elisabeth hatte wieder eine traurige Stimme, als sie sagte:
„Es ist die Not! Die Not ist unser Feind!"

Die große Neuigkeit

Gegen Abend kamen die Schulkinder müde und hungrig, aber mit leuchtenden Augen von ihrem Schulausflug zurück. Lucy lief barfuß wie ein paar andere Kinder auch. Sie hatte die großen, braunen Halbschuhe mit den Schnürsenkeln zusammengeknotet über der Schulter hängen, als sie zu Hause ankam.
„Na, ging das nicht gut mit den neuen Schuhen?" fragte Lucys Mutter.
„Doch", sagte Lucy, „ich habe sie manchmal angezogen, so durch den Wald und das Gestrüpp, aber auf dem Weg, da ging es barfuß besser. Es war schon gut, daß ich sie dabei hatte und ich bin froh, daß ich sie habe. Schließlich werde ich da irgendwann einmal hineinwachsen", meinte sie. „Ich habe auch kein Pflaster gebraucht. Aber viele Kinder hatten ein Pflaster nötig gehabt. Und die Leni ist eine prima Krankenschwester. Die hat drei Löcher in den Knien, fünf blutige Knöchel und zwei angestoßene, blutige Zehen verpflastern müssen. Und das alles, weil die Kinder schlechte Schuhe oder nur Sandalen haben", erzählte Lucy.
„Bald wird es vorbei sein mit dieser Not", sagte Elisabeth und Lucy wurde neugierig. Sie fragte: „Wieso?"
Die Mutter holte tief Luft, als sie die Neuigkeit verkündete:

„Morgen gibt es Geld – neues Geld, für das man wieder alles kaufen kann!"
„Das glaube ich nicht", sagte Lucy.
„Das kannst du ruhig glauben", erwiderte ihre Mutter, „man nennt das Währungsreform und morgen holen wir uns das Kopfgeld ab."
„Kopfgeld? Heißt das, man wird geköpft?" lachte Lucy.
„Ach was, das heißt soviel wie: pro Kopf gibt es so und soviel Mark, und morgen ist es soweit.

Steine reden

(kl). Da kam kürzlich eine Frau nach Bensheim-Auerbach, die wollte einen Grabstein kaufen.

Man schrieb ihr — damit sie auch ja nichts vergißt — auf einen Zettel, was „gegen" einen Grabstein zu geben sei. Es war erheblich: 6 Pfund Fett, 5 Zentner Kartoffeln, 5 Büchsen Schweinefleisch, 3 Pfund Rauchfleisch, 3 Pfund Tabak, einen Zentner Weizen und 1500 Mark in bar kostet dort ein Grabstein; und der ist noch ohne Christusbild. Das wird nur gegen weitere 6 Pfund Fett geliefert. Eine fette, fromme Rechnung: Christus = 6 Pfund Fett. Es ergeben sich erstaunliche Perspektiven.

Das war der Frau begreiflicherweise etwas viel; und auch die Polizei hatte durchaus kein Verständnis für den Handel.

„DE" 15. Januar 1948

Die DM, das neue Geld

Am 20. Juni 1948 saßen sie um den Tisch: Lucy, Elisabeth und die Bärbel-Oma. Ehrfurchtvoll starrten sie alle auf das Geld, das da in verschiedenen Scheinen vor ihnen lag. Lucy zählte immer wieder: „Einhundertzwanzig DM", sagte sie, „für den Kopf vierzig DM! Und damit kann man nun alles kaufen? Ohne Lebensmittelmarken? Ohne Bezugscheine?" fragte sie.
„Ohne Lebensmittelkarten und ohne Bezugscheine", erwiderte Elisabeth zufrieden. Dann fragte die Bärbel-Oma: „Was meinst du, Lucy, was du als erstes brauchst?"

„Ich, ich brauche unbedingt ein Paar Schuhe, das heißt, eigentlich und für den Notfall kann ich ja die dicken, braunen anziehen. Vielleicht ist es doch wichtiger, Mehl zu kaufen! Jawohl, einen ganzen Sack voll Mehl oder besser zwei Säcke, einen mit Roggenmehl und einen mit Weizenmehl! Meinst du dafür reicht das Geld?“ fragte Lucy mißtrauisch.
„Mehl?“ sagte die Bärbel-Oma. „Das kann man doch nach und nach kaufen, so wie man es braucht.“
„Das glaube ich nicht“, sagte Lucy und war fassungslos.
„Mehl braucht man unbedingt, damit wir ganz lange Brot backen können. Wer weiß, wie lange das neue Geld etwas wert ist! Vielleicht wird es bald all, da stehen wir wieder da wie zuvor. Mehl braucht man immer, unbedingt.
Die Bärbel-Oma und die Mutter lächelten. „Morgen fahren wir in die Kreisstadt, und dann bekommst du ein Paar neue Schuhe“, sagte die Mutter und Lucy schüttelte ungläubig den Kopf. Sie meinte:
„Schuhe, in der Kreisstadt! Wo wir doch neulich erst dort waren! Bei denen sind doch die Läden ratzekahl leer! Na, wer das glaubt!“

Auszug aus der Schulchronik eines Odenwalddorfes

1948 Deutsche Mark und Währungsreform. Jedermann hat 40,- DM in Besitz. Es lockert sich die Zwangsbewirtschaftung. Man kann wieder Küchengeräte, Fahrräder, Bereifungen usw. kaufen. Die Bauern bieten Obst an. Man glaubt in einer anderen Welt zu leben – so ungewohnt ist alles.

Wie auf einmal alles zu kaufen ist

Lucy war mit ihrer Mutter auf dem Weg in die Kreisstadt. Unterwegs kamen sie an dem Kramladen des Ortes vorbei und Lucy wunderte sich, daß da viele Leute standen und in das kleine Schaufenster starrten. Sie hörte Wortfetzen, wie „– echten Bohnenkaffee –“, „Zigaretten – Schokolade“ – „Seife“ – „plötzlich ist alles wieder da“ – „unglaublich, wo das herkommt –!“
Lucy versuchte vergeblich, einen Blick auf die Auslagen zu werfen, denn zu viele Leute standen davor und staunten. Elisabeth zog sie weiter und dann fuhren sie in die Kreisstadt. Das war ein Leben dort in allen Geschäften. Auch hier standen die Menschen vor den Schaufenstern und konnten sich nicht satt sehen.

Lucy wurde von ihrer Mutter weitergezerrt, schnurstracks zu einem Schuhgeschäft. Lucy protestierte: „Das ist derselbe Laden von neulich, wo die Frau gefragt hat, was wir zu tauschen hätten. Da möchte ich nicht hineingehen", sagte sie.
„Doch Lucy", sagte Elisabeth. „Erstens, ist es das größte Schuhgeschäft in der Stadt, und ich will, daß du die größte Auswahl hast. Du sollst dir die besten und die schönsten Schuhe aussuchen dürfen. Deshalb sind wir in die Stadt gefahren. Zweitens haben sich alle Geschäftsleute so verhalten wie diese Frau, und drittens schadet es nichts, wenn du einmal die Verwandlung sehen kannst und wie alles auf einmal vom richtigen Zahlungsmittel abhängt."
Als sie das Geschäft betraten, konnte sich Lucy nicht fassen vor Staunen. Da waren freundliche Mädchen, die nach den Wünschen der Kundschaft fragten, da gab es Regale mit vielen, vielen Schuhen. Da waren braune, und schwarze, und weiße, und sogar rote Halbschuhe und wunderschöne Stiefelchen lagen ausgebreitet vor einem großen Spiegel.
„Das gibt es doch nicht", und „ich meine, ich träume", sagte Lucy immer wieder. Sie probierte sieben Paar Schuhe an und entschied sich dann für ein paar schwarze, hübsche Halbschuhe.
Sie meinte: „Die kann ich gut auch einmal im Winter anziehen. Ach Mama, die finde ich schön!"
Die Mutter nickte und sagte: „Wenn alles gut geht, bekommst du später noch ein Paar extra Stiefelchen für den Winter!"

Auf Lehrstellensuche

Es ging alles gut! Das neue Geld wurde nicht wertlos und wenn man aufpaßte, wurde es auch nicht gleich alle, und wenn man es sehr gut verstand, so vermehrte es sich sogar. Man konnte nun die herrlichsten Sachen dafür kaufen.
Lucy war nun dreizehn Jahre alt und wollte möglichst bald viel Geld verdienen. Noch ein Jahr hatte sie die Grundschule zu besuchen und die Realschule oder gar das Gymnasium kam für sie nicht in Frage, zumal diese Möglichkeiten mit erheblichen Umständen verbunden waren. Sie hätte deswegen eine tägliche Bahnfahrt in Kauf nehmen müssen, weil sich diese Schulen in der Kreisstadt befanden. So wollte sie sich eine Lehrstelle suchen. Viele Möglichkeiten gabe es da im Ort auch nicht.

Sie konnte wählen zwischen Schneiderin, Frisöse oder Industriekaufmann. Aber da waren noch die anderen Kinder, die auch eine Stelle suchten und Lucy wußte nicht genau, was sie werden wollte. Da beschloß sie, zuerst in das Büro der Backsteinfabrik zu gehen, um sich vorzustellen. „Ich möchte gerne Industriekaufmann werden, denn ich möchte gerne Schreibmaschinenschreiben lernen, und Rechnen kann ich schon sehr gut", sagte sie bei ihrem Vorstellungsbesuch. Man sagte ihr: „Wir stellen nächstes Jahr einen Lehrling ein, aber wir können dir die Stelle nicht versprechen. Wir nehmen lieber einen Jungen, weil ein Junge auch einmal beim Backsteinverladen helfen kann. Die Arbeit ist nämlich nicht leicht."
„Ich bin aber kräftig und beim Backsteinverladen könnte ich auch helfen! Ich kann später auch noch Lastkraftwagenfahren lernen und ich bin bestimmt genau so tüchtig wie ein Junge", sagte sie und war ein wenig aufgebracht.
Daheim erzählte sie von dieser schlechten Berufsaussicht. Sie war enttäuscht und empört, als sie fragte:
„Sind die Buben vielleicht stärker als die Mädchen? Sind sie gescheiter? Klüger? Besser? Soll ich mich ärgern, daß ich kein Bub bin?"
„Also, ich bin froh, daß du ein Mädchen bist! Ich habe schließlich ein Mädchen gewollt!" sagte Elisabeth.
„Einige Buben von meiner Klasse haben eine Lehrstelle bekommen! Und vier Mädchen haben auch eine Lehrstelle gekriegt! Als Schneiderin, als Frisöse und die Lina darf sogar bei der Sparkasse als Lehrling anfangen!"
„Da mußt du aber bedenken, daß du bis jetzt überhaupt kein Interesse an der Sparkasse hattest, und daß die meisten Buben auch keine Lehrstelle gewollt haben. Sie bleiben ja daheim auf dem Hof. So ein Bauernhof will ja auch bewirtschaftet werden. Auf die Schule wollen die ja auch nicht."
„Auf jeden Fall hätte ich die Lehrstelle auf dem Büro von der Backsteinfabrik bekommen, wenn ich ein Junge wäre!"
„Das stimmt! Die meisten Menschen wissen eben noch nicht, daß das weibliche Geschlecht mindestens so tüchtig sein kann, wie das männliche! Dabei haben wir Frauen gerade in den Kriegszeiten bewiesen, wie wir unseren ‚Mann' stehen", meinte Elisabeth und sagte: „Ich mache mir Vorwürfe! Ich hätte mitkommen sollen, um mit dem Chef zu reden!"
„Das hätte auch nichts genützt", meinte die Bärbel-Oma und sagte: „Die Berufsmöglichkeiten sind hier auf dem Land nicht so rosig. In der Stadt

sieht das schon ganz anders aus. Dort gibt es Schulen – das wäre auch nicht schlecht für dich!"
„Aber ich will nicht mehr in die Schule gehen", sagte Lucy, „ich will einen Beruf erlernen und dann will ich Geld verdienen – viel Geld!"
„Du kannst es ja noch einmal bei der Schneiderin probieren", überlegte Elisabeth.
Die Bärbel-Oma hatte nun ein Argument, mit dem sie sich an Lucys Mutter wandte: „Du mußt bedenken, auch du bist länger in die Schule gegangen. Du hast wenigstens die Mittlere Reife gemacht und du hast Englisch gelernt und hast gesehen, wie nützlich diese Sprache ist und wie diese Englischkenntnisse uns geholfen haben, als die Amerikaner gekommen sind!"
„Wir sind aber nicht in Darmstadt und so ist es vielleicht doch besser, du gehst noch einmal auf Lehrstellensuche bei der Schneiderin", wiederholte Elisabeth.
Und Lucy ging zur Schneiderin und stellte sich vor, obwohl sie Bedenken hatte. Sie wollte eigentlich nicht so gerne den ganzen Tag an der Nähmaschine sitzen. Schreibmaschinenschreiben und Buchführung machen, das wäre ihr doch viel lieber gewesen.
Lucy fragte also die Schneiderin, ob im nächsten Jahr eine Lehrstelle frei werden würde.
„Es wird eine Stelle frei", sagte die Schneiderin und sie fragte:
„Hast du auch Lust dazu? Machst du gerne Handarbeiten?"
Lucy wurde rot als sie erklärte:
„Ach, es geht –! Ich habe schon mit meiner Mama ihrer Nähmaschine genäht. Manchmal werden die Nähte ganz schief und die Nadel bricht ab! Aber das richtige Nähen kann ich ja bei Ihnen noch erlernen, nicht wahr? Ich möchte es unbedingt! Man kann alles, wenn man will, sagt meine Oma immer."
„Ja, wenn das so ist", meinte die Schneiderin, „da werde ich dich mal vormerken! Du kannst dich nach deiner Konfirmation bei mir melden."
Lucy war glücklich und rannte nach Hause. Sie schrie in die Küche, wo sich die Bärbel-Oma und Elisabeth aufhielten:
„Es hat geklappt! Die Schneiderin stellt nächstes Jahr, wenn ich mit der Schule fertig bin, einen Lehrling ein. Sie hat mich vorgemerkt. Gleich, wenn ich konfirmiert bin, soll ich wieder hinkommen! Außerdem hat sie gesagt, daß sie mein Vorstellungskleid und mein Konfirmationskleid nähen würde. Zu einem günstigen Preis, hat sie gesagt!"

„Dann ist es ja gut", meinte die Bärbel-Oma und wechselte plötzlich das Thema:
„Nächste Woche fahre ich wieder nach Darmstadt. Dann werde ich längere Zeit dort bleiben. Ich muß mich um mein Haus kümmern. Ich glaube, daß ich da sehr, sehr viel zu erledigen habe!"

Aus der Schulchronik eines Odenwalddorfes

1949 Das Leben beginnt sich zu normalisieren. Lebensmittelkarten
werden nur noch für Fleisch, Fett und Zucker verlangt. In den
Geschäften ist alles zu haben - nur fehlt es meistens an Geld.
Böse Zungen behaupten, daß der Bauer durch die Tauschgeschäfte
der Vorjahre in der Lage sei, den Kuhstall mit Teppichen auszulegen.
In diesem Jahr kostet eine Weihnachtsgans etwa 15,- DM. Im
Vorjahr 70,- DM. Ein Zentner Äpfel in diesem Jahr etwa 15,- DM.
Im Vorjahr 40,- DM.

Siehe, ich stehe vor der Tür ...

Die Konfirmation sollte am Weißen Sonntag sein. Lucy war schon vorher genau so aufgeregt wie alle Kinder, die bei dem großen Fest des „Erwachsenwerdens", eingesegnet werden sollten. Sie hatte zum ersten Mal ihre schönen, langen Zöpfe abschneiden lassen, wie es im Dorf üblich war. Elisabeth hatte das abgeschnittene, geflochtene Haar in feines Papier gewickelt, mit rosanem Bändchen verschnürt und hinter die Bettwäsche in der Kommode geschoben. „Ein Andenken an deine Kindheit", hatte sie gesagt und dabei so merkwürdig mit den Augen geblinzelt. Inzwischen hatte die Bärbel-Oma schwarzglänzenden Stoff für das Konfirmationskleid besorgt und Elisabeth das weiße Blumenhaarkränzchen. „Richtig erwachsen komme ich mir vor", hatte Lucy gemeint, während sie vor dem großen Spiegel herumgetänzelt war.
„Ein neuer Lebensabschnitt beginnt", hatte Elisabeth gesagt.
„Es wird Zeit, daß du eine anständige Ausbildung bekommst", hatte die Bärbel-Oma gewußt.
Da hatte Lucy dringend auch noch ihren Senf dazugeben müssen, indem sie bekanntgegeben hatte:

„Die Schneiderin hat jedesmal, wenn ich zum Anprobieren gekommen bin, da hat sie gesagt, daß ich ja nun auch bald soweit sein werde – und Kleider nähen könnte – weil ich ja bei ihr lernen will – und so weiter!"
„Wirklich?" hatte die Bärbel-Oma geseufzt während sie ein ungläubiges Gesicht gemacht hatte.
Nun war die Stunde der Einsegnung gekommen. Die Kinder hatten zum ersten Mal am heiligen Sakrament des Abendmahls teilnehmen dürfen. Lucy hatte Herzklopfen. Sie kniete zusammen mit der Dina vor dem Herrn Pfarrer und wartete auf die Segnung. Dabei mußte sie unnötigerweise denken: Ausgerechnet neben der Dina! Wo ich die doch nicht leiden kann! Aber – in der Kirche darf ich ja keine feindliche Gefühle haben! O Gott verzeih mir! Aber die Leni wäre mir viel lieber gewesen! Ehrenwort! Wenn es doch nun mal wahr ist! Es fällt mir wieder auf, wie blau dem Herrn Pfarrer seine Augen sind! Und wie die Stille knistert in der Kirche! Jawohl – die Stille knistert! Das wird wohl vom angehaltenen Atem der vielen Menschen kommen – dieses merkwürdige Knistern! Sie spüren es auch! Es wird nun gleich etwas ganz Wichtiges geschehen. Das kann man auch an der Orgelmusik hören! Die ist heute viel, viel schöner als sonst! Daß heute ein besonderer Tag ist, kann man merken, weil einfach alles so anders ist als sonst. Die bunten Bilder in den Glasfenstern – sie leuchten heute, wie sie noch nie geleuchtet haben – und nun – gleich – Achtung – wird er den Segen sprechen, meinen ganz persönlichen Segen! So, wie es die weiße Fee immer getan hat.
Wie im Traum kniete Lucy vor dem Pfarrer und bemerkte seine erhobenen Hände. Diese Geste war ihr bekannt. Deswegen sah sie sofort die gute Fee im Vordergrund – da mitten in der christlichen Kirche stand sie und hatte anscheinend etwas Wichtiges zu sagen. Es war die Stimme vom Herrn Pfarrer, die da so vertraut und deutlich zu ihr sprach! Ein bestimmter Satz blieb hängen. Es war ihr Konfirmationsspruch:
„Siehe, ich stehe vor der Türe und klopfe an!"
Lucy konnte fühlen, wie sie vor der Türe stand und wie sie eingelassen wurde. Sie konnte auch fühlen, wie sie hinter einer Türe stand, die sie selbst wegen eines Klopfgeräusches öffnete. Diese Empfindungen waren ihr möglich, weil sie den Spruch für sich selbst übersetzen konnte. Sie meinte damit: Wenn man sich bemüht, dann wird sich etwas tun! Irgendwie! Und ich werde mich bemühen! Auf jeden Fall! Dann wird sich auch etwas tun! Bestimmt!

Maschinenschreiben macht Spaß

Lucy war ein paar Tage krank. Als sie wieder in die Schule kam, gab die Dina bekannt: „Unsere Lehrerin gibt Unterricht im Maschinenschreiben. Es kostet nichts. Zehn Finger blind".

Die meisten Kinder interessierten sich nicht für dieses großzügige Angebot der Lehrerin. Lucy wollte unbedingt Schreibmaschinenschreiben können. Aber woher eine Schreibmaschine nehmen?

„Ich komme auf jeden Fall", sagte sie zur Dina, und sie erschien auch mit ihr zusammen zum Unterricht. Dina hatte zu Hause eine Schreibmaschine und konnte daher üben. Die Lehrerin sagte: „Es hat nur Sinn, wenn man daheim eine Maschine hat. Es ist Übungssache. Siehst du, langsam im Rhythmus schreiben: a s d f j k l ö a s d f j k l ö ! Lucy durfte auch einmal probieren und dann war die Dina wieder dran. „Bravo", sagte die Lehrerin zur Dina, „es wird schon werden". Lucy und Dina kamen die nächste Woche wieder gemeinsam zum Unterricht. Die Lehrerin schickte Lucy gleich wieder heim und sagte: „Wenn du irgendwo eine Maschine auftreiben kannst, darfst du wieder kommen. Lucy überlegte fieberhaft, wo sie eine Schreibmaschine herbekommen könnte. Sie sprach mit Elisabeth darüber, aber die wußte auch nicht weiter. Und die Bärbel-Oma war immer noch in Darmstadt. Lucy vermißte sie sehr. Da rannte sie zum Martin. „Martin, kannst du mir nicht eine Schreibmaschine besorgen? Ich darf nur in den Unterricht gehen, wenn ich daheim üben kann", sagte sie.

„Eine Schreibmaschine – o, eine Nähmaschine hätte ich eher – eine Schreibmaschine – da muß ich mal sehen", überlegte der Martin.

„Ich würde sie auch abarbeiten – ich möchte so gerne Schreibmaschinenschreiben lernen", sagte Lucy und blickte den Martin erwartungsvoll an.

„So gerne willst du das lernen?" fragte er und lächelte:

„Da muß ich unbedingt mal sehen, was sich machen läßt – –!"

Es dauerte eine Woche, länger nicht, und Martin hatte eine Schreibmaschine besorgt. „Sie ist nicht die Modernste", sagte er, „sie ist ein Ungetüm und fast nicht von der Stelle zu bringen. Aber du kannst jederzeit herkommen zum Üben. Ich habe sie sauber gemacht und ein bißchen renoviert und es kostet nichts. Du kannst mir ja ab und zu ein wenig aufräumen helfen, und wenn ich manchmal ein Schreiben brauche, das bitte ich mir aus, das mußt du mir dann anfertigen. Das wäre eine Gegenleistung!"

„Das ist wunderbar, wird gemacht, „strahlte Lucy und dann ging sie nachmittags gleich in die nächste Unterrichtsstunde. Die Lehrerin sagte, sie könne nun vorläufig keine Kinder mehr aufnehmen und Lucy sollte sich gedulden. Lucy sah, daß die Dina der Lehrerin einen Ring Fleischwurst mitgebracht hatte. Das machte sie nachdenklich. Sie sprach zuerst mit Martin darüber. „Fleischwurst habe ich keine zu verschenken – und auch sonst nichts – die Lehrerin hat auch Hunger!"
Sie saß vor der alten, frisch geölten Schreibmaschine und tippte auswendig: a s d f j k l ö a s d f j k l ö. „Wenn ich bloß wüßte, wie die nächste Übung geht, dann könnte ich weitermachen", sagte sie und war ziemlich ratlos.
Der Martin lief hin und her und murmelte in seinen Bart: „hm, hm, hm," Dann sagte er, er wolle versuchen, Übungsblätter für Maschinenschreiben aufzutreiben. Martin konnte fast alles. Nach einer weiteren Woche hatte er tatsächlich solche Übungsblätter besorgt. Er hatte sich direkt mit einer Handelsschule in Verbindung gesetzt. Lucy war glücklich und sagte: „Du kannst alles! Du bist ein richtiger Zauberer. Bei dir wundert mich nichts mehr."
Lucy lernte nun fleißig mit den Übungsblättern. Einmal bekam sie Besuch von der Dina, und nun stellten beide fest, daß Lucy mit ihren Kenntnissen schon viel weiter fortgeschritten war als die Dina. Da war die Lucy sehr froh. Sie erzählte es gleich dem Martin. Liebevoll strich sie mit dem Staublappen über die Tasten der Schreibmaschine, ehe sie ein Tuch darüberdeckte.
Dann hatte sie das Bild vor sich: Da saß die gute Fee, ganz in Weiß gekleidet. Sie saß an der Schreibmaschine und tippte und lächelte ihr zu!

Die Zerreißprobe

Die Schulzeit ging ihrem Ende zu. Lucy freute sich auf den neuen Lebensabschnitt wie alle Kinder. Sie hatte sich inzwischen mit dem Gedanken vertraut gemacht, eine Schneiderin zu werden. Schneiderinnen waren sehr gefragt und somit war die Aussicht, den Lebensunterhalt mit Kleidernähen zu verdienen, keine schlechte. Und das Schreibmaschinenschreiben kann ich sicher irgendwann auch noch einmal gebrauchen, dachte sie.
Lucy wollte der Schneidermeisterin guten Tag sagen und sie gleichzeitig an das bevorstehende Lehrverhältnis erinnern. Sie pflückte einen Strauß

bunter Sommerblumen und klopfte bei ihr an. Die Blumen trug sie strahlend vor sich her und hielt sie mit einer freundlichen Geste hin. „Für Sie", sagte sie und blickte erwartungsvoll in das Gesicht ihrer künftigen Meisterin.
Die Schneiderin war merkwürdig zurückhaltend und schien sich über den Blumenstrauß gar nicht so arg zu freuen. Lucy sagte: „Die nächste Woche ist Schulschluß, danach könnte ich gleich bei Ihnen anfangen".
„Das geht leider nicht, Lucy", sagte die Schneiderin, „ich kann nämlich nur ein Mädchen einstellen und nun habe ich es der Irmtraut versprochen. Die ist ein Jahr älter als du. Vielleicht – wenn du drei Jahre warten willst – könnte ich dich vormerken, aber jetzt – nein, das geht wirklich nicht!"
„Drei Jahre warten?" rief Lucy entsetzt. „Was soll ich denn bis dahin machen? Vormerken? Sie hatten mich doch vorgemerkt!"
„Vielleicht im Nachbardorf – da gibt es sogar zwei Meisterinnen", meinte die Schneiderin und Lucy sah es ihrem roten Kopf an, daß sie ein schlechtes Gewissen hatte.
Dann spürte sie, daß etwas in ihr entzwei riß. Dieses Gefühl der Ohnmacht hatte sie schon einmal erlebt. Zorn stieg in ihr hoch. Sie wollte schreien und toben und sich auf den Boden schmeißen, vor Enttäuschung und Schmerz. Aber sie tat nichts. Sie stand da und bebte. Sie sah das Bild vor sich: Die Schneiderin verwandelte sich. Ihre blonden Kraushaare wurden schwarzsträhnig. Sie hob die Arme kreuzweise und deutete auf Lucy, die bewegungslos und mit hängenden Armen dastand. Mit beschwörender Stimme sang sie: Dornröschen, du mußt sterben, sterben, Dornröschen, du mußt sterben, sterben!"
Dann sagte die Fee Genaueres:
„Du hast keinen Vater! Du hast keine richtige Mutter! Deswegen bist du schlecht! Und dumm! Und dumm wirst du bleiben. Darum sollst du nichts lernen! Du sollst nicht denken! Du hast nur auszuführen, was du geheißen wirst – weil du nur ein Instrument bist! Sonst nichts – ein Niemand! Du kannst ja bei den Bauern arbeiten – tagsüber auf dem Feld – morgens und abends in denen ihrer Küche. Vielleicht bekommst du außer deinem Essen noch einen Korb voll Kartoffeln extra dazu! Mehr steht dir nicht zu – denn du bist ja nur eine dumme Magd. Und das sollst du auch bleiben."
Dieser lange Augenblick einer Erkenntnis ging vorüber. Trotz stieg nun in Lucy hoch und gab ihr rein äußerlich eine starke Haltung; eine Hal-

tung, an der sie sich auch innerlich aufrichten konnte. So kam es, daß der böse Spruch der Fee und das unglaubliche Verhalten der Schneiderin ihr nichts anhaben konnte. Sie wußte auf einmal, daß sie nicht aufgeben würde. Sie würde kämpfen und irgendwie würde sich eine Lösung finden. Irgendwo wird sich eine andere Tür öffnen lassen.
Da wandelte sich das Bild. Vor die dunkle Gestalt schob sich die weiße Fee. Sie winkte und lächelte Lucy zu. Nun wußte sie, daß alles gut werden würde, und sie sagte noch einen Satz zur Schneidermeisterin:
„Wer weiß, für was das gut ist!"

Die Bärbel-Oma gibt Hilfestellung mit einem Odenwälder Gedicht

Lucy hatte ihr Erlebnis mit Elisabeth besprochen und hatte es auch der Bärbel-Oma nach Darmstadt geschrieben. Die Bärbel-Oma hatte eine Postkarte geschickt mit demselben Satz, den Elisabeth ausgesprochen hatte, nämlich: Du mußt einen Beruf erlernen, damit du selbständig werden kannst! Ich werde dir dabei helfen!
An einem späten Abend war die Bärbel-Oma plötzlich angereist gekommen. Atemlos stand sie auf einmal vor der Haustüre und stellte gleich die Frage an Elisabeth: „Wie geht es Lucy? Ich habe gar keine Ruhe!"
Lucy kam da müde und mit steifen Händen von der Feldarbeit nach Hause. Die Bärbel-Oma sah auf einen Blick Lucys Unzufriedenheit. Sie meinte: „Irgendwann – in absehbarer Zeit – wird es klappen – dann wirst du in Darmstadt deine Chance haben!"
Mit einem Blick zu Elisabeth sagte Lucy fest: „Ich muß es schaffen! Ich gehe halt mit – meine Elisabeth-Mama geht ja auch mit – obwohl – hier gibt es ja auch gute Menschen! Und ich liebe das Dorf! Es ist mein Dorf mit seinen Feldern, die ich alle einzeln kenne. Unseren schwerverdienten Garten liebe ich auch – und den Apfelbaum, den Birnbaum – vor allem aber den Martin mit seiner Katrinne – und den alten Bäcker und den Birkenbauer und die Tippmanns liebe ich auch. Deshalb wird es mir nicht leicht fallen, wenn wir hier wegziehen."
„Die Hauptsache ist, daß der Krieg vorbei ist. Wir brauchen keine Angst mehr zu haben vor Bomben und Tieffliegern", meinte Elisabeth.
„Ja, schon, dafür gibt es wieder andere Ängste. Sie sind auch Feinde, diese Ängste! Immer ist es etwas anderes, vor dem man sich fürchten

muß: Zuerst habe ich mich vor meiner Mutter ein bißchen gefürchtet – meine Mutter – die mich geboren hat, meine ich" – ergänzte Lucy, als sie sah, daß Elisabeth blaß wurde. Dann zählte sie weiter auf:
„Dann die Kinder, die haben mir meine Kischdel weggenommen – und haben gesagt, ich wäre eine Schlechte – dann hatte ich auch Angst vor den Tieffliegern und vor dem Ortsbauernführer hatte ich Angst, weil ich vergessen hatte ‚Heil Hitler'* zu sagen. Vor der Frieda hatte ich Angst, weil die beim BDM* war und die hat mich auch einmal angeschrien gehabt, weil ich nicht ‚Heil Hitler' gesagt hatte, zu ihr. Sie hatte mir sogar eine geklebt deswegen – und ich weiß noch wie heute, wie sie gedroht hatte: „Wenn du zu den Jungmädel willst, mußt du erst mal zeigen was ein deutsches Mädel ist! Da muß man parieren und zu allererst seine Vorgesetzten mit ‚Heil Hiter' grüßen! Bei uns wird gespurt! Von wegen Bibelstunde gehen! Das kannst du vergessen! Wir machen Geländespiele, das ist sowieso viel schöner! Und alles zu Ehren von unserem Führer! Heil Hitler!"
Lucy war aufgesprungen und demonstrierte den deutschen Gruß. Sie keuchte in Erinnerung an die Demütigung mit der Ohrfeige, damals. Dann sagte sie:
„Das war alles schlimm, aber noch viel schlimmer war die Angst vor dem Hunger. Und dann das Betteln. Immer wieder das verdammte Betteln. Zuerst habe ich gebettelt um Brot und Mehl, dann um ein Paar Schuhe – obwohl ich einen Bezugschein hatte – und nun – zuletzt habe ich gebettelt um eine Lehrstelle!"
Elisabeth hatte einen verschleierten Blick, als sie eifrig versuchte, einen zerrissenen Strumpf mit einem passenden Stopfgarn zuzunähen.
Die Bärbel-Oma sagte nachdenklich:
„Not, Hunger und Bettelei sind die üblichen Folgen eines jeden Krieges. Ich kenne da ein Lied, welches mir meine Odenwälder Großmutter öfters vorgesungen hat. Es muß aus einer lang vergangenen Zeit stammen, das kann man an seiner altertümlichen Form erkennen. Sie hat es mir zwar vorgesungen, aber die Melodie bringe ich nicht mehr zusammen! Egal, der Text handelt vom Betteln und von freundlicher Hilfestellung dabei."
„Handelt es vom Hunger?" wollte Lucy wissen.
„Vielleicht – das ist nicht so wortwörtlich ausgedrückt. Es ist jedenfalls eine Sehnsucht vorhanden, die zum Betteln veranlaßt – oder es handelt sich um einen Erlöserwunsch! Hört es euch doch mal an:

Das Odenwälder Bettelgedicht

Ich häbb en weiße Kiddel, der gäiht vorne nedd zaomme!
Do bin ich zu de Ente gaonge,
un häbb gsaod: „Ach, liewi Ente, gäbb a dezu,
daß moin Kiddel vorne gäiht zu.

Die Ente hot gsaod: „Du sollscht a läwe –",
un hot me daonn ehr Fliggel gäwwe!
Noud häwwich Entefliggel!
Däss fraat mich oig – schäi werd moin Kiddel!

Ich häbb en weiße Kiddel, der gäiht vorne nedd zaomme!
Do bin ich zu dem Giggel gaonge,
un häbb gsaod: „Ach, liewe Giggel, gäb a dezu,
daß moin Kiddel vorne gäiht zu.

De Giggel hot gsaod: „Du sollscht a läwe –",
un hot me daonn soin Kaomm gäwwe!
Noud häwwich Haohnekaomm un Entefliggel!
Däss fraat mich oig – schäi werd moin Kiddel!

Ich häbb en weiße Kiddel, der gäiht vorne nedd zaomme!
Do bin ich zu dem Haos gaonge,
un häbb gsaod: „Ach, liewe Haos, gäb a dezu,
daß moin Kiddel vorne gäiht zu.

De Haos hot gsaod: „Du sollscht a läwe",
un hot me daonn soi Pritschje gäwwe.
Noud häwwich Haosepritsch, Haohnekaomm, Entefliggel!
Däss fraat mich oig – schäi werd moin Kiddel!

Ich häbb en weiße Kiddel, der gäiht vorne nedd zaomme!
Do bin ich zu dem Fuchs hiegaonge,
un häbb gsaod: „Ach, liewe Fuchs, gäb a dezu,
daß moin Kiddel vorne gäiht zu.

Der Fuchs, hot gsaod: „Du sollscht a läwe,
un hot me daonn soin Schwanz gäwwe –!"
Noud häwwich: Fuchsschwanz, Haosepritsch, Haohnekaomm, Entefliggel!
Däss fraat mich oig – schäi is moin Kiddel!

Worterläuterungen: Kiddel = Kittel, Fliggel = Flügel, Giggel = Hahn, Haohnekaomm = Hahnenkamm, Pritschje = Hasenschwänzchen, Pritsche = Hasenschwanz

„Es ist wunderschön", meinte Lucy.
„Erlösungswunsch? Wieso meinst du das?" wollte Elisabeth wissen.
„Ja, ihr kennt Märchen und Sagen von Weißen Frauen, die erlöst sein wollen. Der weiße Kittel läßt mich daran denken!"
„Das sind doch die, die etwas Böses im Leben getan haben und nun solange wäwwern* müssen, bis sie erlöst werden", wußte Lucy und Elisabeth sagte: „Und erlöst können sie werden mit frommen Worten, mit bestimmten Handlungen oder bestimmten Gegenständen. Die Ente, der Hahn, der Hase und der Fuchs sind Tiere, die besonders in solchen Sagen vorkommen. Sie gehören zu den Seelentieren."
„Und diese Seelentiere gehören zu der Vorstellung, daß solche Büßer sich in ihnen zeigen", ergänzte die Bärbel-Oma.
„Dann wäre das Bettelgedicht ja ein Märchen", meinte Lucy.
„Gewiß" – lächelte die Bärbel-Oma, „aber so schöne alte Reime enthalten oft einen symbolischen Hintergrund mit einer ernsten Wahrheit. Du kannst das Gedicht ruhig auf dich beziehen, Lucy – samt Hilfestellung – denn ich werde dir Hilfe geben – so wahr mir Gott helfe."

Tagebuch mit Schreibmaschine

Die Klasse feierte ihren Schulabschluß. Dieses Ereignis fiel gleichzeitig mit dem Abschied von Leni zusammen, denn die Leni würde mit ihrer Mutter wieder nach Bremen ziehen, wo sie Verwandte hatten. Lucy war traurig bei dem Gedanken an den Verlust der Freundin und mit dem Wissen, keine Lehrstelle gefunden zu haben.
„Du wirst ein Jahr in der Landwirtschaft arbeiten müssen", meinte Elisabeth und versuchte sie zu trösten, indem sie eine neue Hoffnung äußerte: „Vielleicht sind die Berufsaussichten nächstes Jahr besser, dann kannst du immer noch eine Lehrstelle bekommen. Du kannst ja inzwischen schon ganz flott Schreibmaschine schreiben, das ist sicher ein Vorteil beim Lehrstellensuchen. Sieh nur zu, daß du in Übung bleibst."
Und Lucy blieb in Übung. Sie besuchte regelmäßig den Martin und übte auf der alten Schreibmaschine. Sie gewöhnte sich an, eine Art Tagebuch zu schreiben und das hatte gleich zwei Vorteile. Erstens blieb sie in Schreibübung und zweitens wurden ihre Sorgen durch das Niederschreiben erträglicher und ihre Freuden verdoppelten sich. Da standen nun folgende Eintragungen:

Juni 1949.

Heute hat die Schneiderin zu mir gesagt, daß sie mich nicht nimmt, obwohl sie mich schon seit einem Jahr vorgemerkt hatte! Sie hat gesagt, ich wäre zu jung! Ich glaub aber, daß sie mich nicht leiden kann. Ich weiß ganz genau, daß ich dafür nichts kann, wenn sie mich nicht leiden will. Es macht mir fast gar nichts mehr aus. Ich werde doch noch einen Beruf erlernen! Und jetzt gerade! Und trotzdem! Und erst recht!

Juli 1949.

Die Leni ist nun weg. Ich habe geweint, weil sie meine echte Freundin ist, die ich nun nicht mehr sehen kann. Zum Abschied habe ich ihr ein Foto von mir geschenkt und meine Schlittschuhe, die, wo ihr immer so gefallen haben. Ich hoffe, daß sie mich nicht vergißt! Ich werde ihr auch immer schreiben.

August 1949.

Heute ist ein Brief von der Bärbel-Oma gekommen. Sie hat geschrieben, daß ich nicht traurig sein soll, weil es mit der Lehrstelle wieder nicht geklappt hat. Noch ein Jahr Zeit braucht sie, hat sie geschrieben – vielleicht schon ein wenig früher. Dann ist ihr Häuschen in der Stadt Darmstadt soweit hergerichtet, daß wir beide einziehen können. Wir hätten dann zwei Zimmer. Die Bärbel-Oma hätte auch zwei Zimmer, und die Küche hätten wir gemeinsam, wie es jetzt in unserem Haus hier auch ist. Da gibt es einen kleinen Garten. Zum Glück! Da werde ich Blumen pflanzen! Tulpen und Kesselrosen und Schneeglöckchen und Seidelbast fürs Frühjahr und noch vieles andere!
Die Mama freut sich auch ein bißchen. Die Bärbel-Oma will nämlich der Mama eine Arbeitsstelle besorgen und für mich einen Platz in einer guten Schule, damit ich später ganz sicher einen Beruf erlernen kann, wo man viel Geld verdient! Das ist in der Stadt viel leichter, weil es dort viele Schulen und viele Geschäfte und Büros gibt.
Ganz zum Schluß hat mir die Bärbel-Oma noch einen Satz in ihrem Brief geschrieben, der mir irgendwie so gut gefällt. Er stammt ja aus dem wunderbaren Odenwälder Bettelgedicht. Sie schreibt da:
Noud häwwich schunn Haohnekaomm un Entefliggel –!
Däss fraat mich oig – schäi werd doin Kiddel –!
Was sie wohl damit meint?

September 1949.

Heute habe ich der Bärbel-Oma geschrieben, daß sie bitte unbedingt einen Apfelbaum in ihren Garten pflanzen soll, damit ich unseren guten, alten Boskopbaum nicht so sehr vermisse.

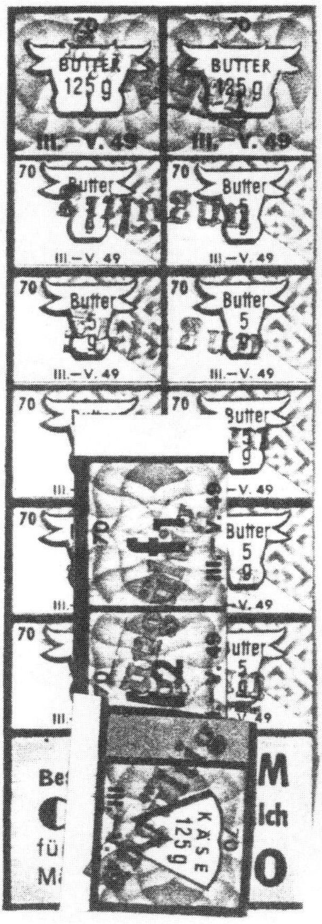

Oktober 1949.

Nun arbeite ich schon zwei Wochen beim Birkenbauer in der Landwirtschaft. Schade, daß der französische Lui nicht mehr da ist. – Der alte Birkenbauer spricht nicht viel, obwohl er sonst sehr lustig ist. Er hat manchmal einen Leckerbissen für mich aufgehoben. Dann tut er so heimlich und blinzelt mit den Augen, wie damals, als er uns die Weizengarbe auf dem Stoppelfeld spendiert hat. Er sagt auch heute noch: „Das ist für dich, aber es braucht niemand zu wissen."
Bald fangen wir mit der Weihnachtsbäckerei an!
Beim Birkenbauer werden jedes Jahr ab Oktober Lebkuchen gebacken. Anis, Buttergebackenes und Makronen auch. Da darf ich die Lebkuchen aufs Blech setzen und die Plätzchen pinseln. Noch machen wir jeden Tag Kartoffeln aus und mein Rücken tut mir arg weh. Es gibt gute Sachen zu essen und am besten schmecken mir die selbstgemachte Butter und das frische Brot. Wenn die Kartoffeln aus sind, kommen die Rüben dran. Ich bin abends sehr müde und komme so schnell nicht mehr zum Schreiben.

Dezember 1949.

Wir backen nun schon einige Wochen Lebkuchen, Anis und Butterplätzchen. Das ist gut, weil es so schön warm ist in der Backstube und es riecht wunderbar nach Weih-

nachten. Meine Mama sagt, ich rieche auch wie ein knuspriger Lebkuchen. Die Bärbel-Oma hat geschrieben, daß sie zu Weihnachten da ist und über die Feiertage hier bleibt. Das ist ein richtiges Weihnachtsgeschenk! Diesesmal hat sie dem Odenwälder Gedicht wieder ein Wort hinzugefügt. Ich glaube, sie will mir mitteilen, daß sie wieder etwas erreicht hat, damit aus mir etwas Anständiges wird. Der Satz lautet diesmal:
Noud häwwich Haosepritsch, Haohnekaomm, Entefliggel!
Däss fraat mich oig – schäi werd doin Kiddel!

März 1950.

Der Bauer hat mit der Feldarbeit begonnen. Er fährt Mist auf den Acker und bald werden die Kartoffeln gesteckt. Ich war diese Woche mit der Bäuerin auf dem Erdbeerfeld und habe den ganzen Tag Unkraut gehackt. Viel besser gefällt es mir im Garten, weil da viele Blumen sind.
Ich habe dauernd keine Zeit zum Schreiben, weil ich so müde bin von der vielen Arbeit. Außerdem tun mir die Hände weh, weil sie aufgesprungen und rissig sind.
Ich habe schon viel gelernt bei der Bäuerin. Ich kann schon Essen für sechs Personen kochen! – Aber ich freue mich auf Darmstadt und die Bärbel-Oma.

> **Ende der Rationierung**
>
> **Vom 1. März an werden im Bundesgebiet neue Lebensmittelkarten verwendet, die nur noch Zucker-Abschnitte und einige Abschnitte für etwaige Sonderaufrufe enthalten. Die Bundesregierung hat auf Vorschlag von Bundesernährungsminister Professor Niklas beschlossen, alle Rationierungsmaßnahmen bis auf Zucker mit Wirkung vom 1. März 1950 aufzuheben. Es wird jedoch betont, daß diese Maßnehme kein Ende der Bewirtschaftung bedeute. (17. Januar 1950)**
>
> „DE" 17. Januar 1950

April 1950.

Die Bärbel-Oma hat geschrieben, daß alles fertig ist, bis auf die Tapeten. Die müssen wir dann selbst noch an die Wand kleben. Die Mama hat zurückgeschrieben, daß sie Mieter für unser Haus gefunden hat. Die Mieter, das ist nämlich die Frau Tippmann, die mit ihren Kindern in unser Haus einziehen wird. Der Martin braucht den Wohnraum, den er der Familie Tippmann gegeben hat, wieder für sich als Warenlager, weil er inzwischen ein Geschäft mit Haushaltswaren aufgemacht hat.

Das tollste aber ist, daß die Bärbel-Oma eine Arbeitsstelle für die Mama gefunden hat, und für mich eine Realschule, wo ich hineingehen darf, um auf einen richtigen Beruf vorbereitet zu werden. Das mit der Schule habe ich mir nämlich inzwischen anders überlegt. Ich würde eigentlich doch viel lieber noch eine Weile die Schulbank drücken. Weil ich ja nun gemerkt habe, wie wenig ich noch weiß und wieviel es noch zu lernen gibt. Lieber will ich in der Schule hocken und lernen als bei der Schneiderin in der Stube. Auf dem Feld möchte ich auch nicht herumstolpern, mit schmerzendem Rücken und steifen Händen, auf einem Acker der uns nicht gehört! Für keinen richtigen Lohn! Deswegen freue ich mich auf Darmstadt!

Die Bärbel-Oma hat zum Schluß von ihrem Brief wieder so einen geheimnisvollen Satz von dem Odenwälder Bettelgedicht geschrieben: Noud häwwich: Fuchsschwanz, Haosepritsch, Haohnekaomm, Entefliggel! Däs fraat mich oig – schäi is doin Kiddel!

Weiße Fee, weißer Kittel und neue Tür

Mai 1950.

Ich schreibe noch einmal auf dem Martin seiner alten, wunderbaren Schreibmaschine. In Darmstadt werde ich eine andere haben. Meine Bärbel-Oma hat mir nämlich eine neumodische besorgt. Den Martin, die Katrinne, die Tippmanns und den Bäcker und viele Leute werde ich nie vergessen.

Ich habe noch einen Spaziergang gemacht mit meiner Mutter Elisabeth. Über die ganzen Felder sind wir gelaufen, und da haben wir ein bißchen geweint. Wir lieben ja all diese Felder, Wiesen und Wälder mit all den kleinen Bächelchen und die Gersprenz besonders. Obwohl wir uns da so arg abgerackert haben! Gegen Abend bin ich dann alleine in unseren Garten gegangen, zu dem blühenden Apfelbaum. Ich habe mit ihm geredet und hoffe, daß mich sonst niemand gehört hat. Ich habe nämlich noch einmal geweint. Wegen der Luna und der Bätz. Besonders wegen der Luna. Klar – die können wir natürlich nicht mitnehmen nach Darmstadt. Sie sind sowieso zu alt, hat meine Mutter Elisabeth gesagt und dann hat sie jemand abgeholt. Deswegen muß ich halt weinen. Zum Glück darf ich jederzeit unseren Garten besuchen, wenn ich will. Die Familie Tippmann hat ihn nämlich übernommen.

Ich habe mich mitten in unseren Apfelbaum gesetzt. Das hat mich getröstet. Die Blüten von „meinem" Apfelbaum haben wie rötlich gekrönter Schaum in seinen Zweigen geleuchtet. Es waren zisch-tausende Bienen und Käfer unterwegs, um von seinem köstlichen Blütensaft zu naschen. Ich habe das Summen gehört, wie eine liebliche Melodie, die extra für mich bestimmt war. Sogar den Apfelduft habe ich schmecken können. So deutlich war das, als hätte ich tatsächlich gerade in einen reifen Apfel hineingebissen. Dann habe ich die zarten Blütenblätter berührt und ganz genau betrachtet. Ich werde nie vergessen, wie sie angeordnet sind. Wegen der rosa-weißen Blütenpracht habe ich an die gute Weiße Fee denken müssen. Na klar! Da hat sie gesessen! Mitten im Apfelbaum – ganz oben hat sie gesessen und hat herunter gewinkt. Da habe ich ihr erzählt, daß die Bärbel-Oma Wort gehalten und alles für uns vorbereitet hat, in Darmstadt. Ihr kleines Haus zum Wohnen, eine Arbeitsstelle für die Mama Elisabeth und für mich die Schule. Nun habe ich alles, was ich brauche! Da hat doch die weiße Fee die Hände so hoch gehoben und mich gesegnet. Das hat ausgesehen wie ein Abschied für immer. Dann

hat sie zum ersten Mal gesprochen. Noch nie hatte sie gesprochen gehabt, früher. Und nun – da hat sie mir doch in meiner eigenen Mundart zugerufen:
„Däss fraat mich oig – schäi is doin Kiddel!"
Das hat mich sehr beruhigt, daß sie das gesagt hat. Schließlich stehe ich vor einem neuen Anfang. Ja, ich stehe tatsächlich vor einer Tür und klopfe an!

Geschichtliche Daten aus der Zeit von 1933 — 1948

1933	Am 30. Januar wurde Adolf Hitler Reichskanzler.
1933 – 1938	Durch neue Gesetzgebungen gelang ihm systematisch die Schaffung bestimmter Feindbilder.

Auszüge aus dem menschenverachtenden Rassegesetz des Adolf Hitler

„Die Reinerhaltung einer gesunden, deutschen Rasse."

Zu den Zielen Hitlers gehörte „die Verwirklichung des nationalsozialistischen Rassegedankens". Das Gesetz, welches er dafür schuf, griff in das Leben jedes einzelnen Menschen ein. „Es erfordert staatliche Maßnahmen zur Reinerhaltung unserer Rasse und zur Sicherung der Erhaltung und des Wachstums unseres Volkes in dem Bewußtsein der persönlichen Verantwortung jedes einzelnen Volksgenossen für unsere völkische Zukunft.

Unter diesen staatlichen Maßnahmen steht mit an erster Stelle die Regelung der Judenfrage, denn: bis zum Jahre 1933 befand sich Deutschland unter dem verderblichen, jüdischen Einfluß ...!"

Das „Gesetz zur Wiederherstellung des Berufsbeamtentums", vom 7. April 1933, war die erste Maßnahme, die das Judentum aus der Führung des Staates ausschaltete. Ihm folgte die „Säuberung" aller Verbände, Vereine und Berufe und seine Zurückdrängung in Wirtschaft und Kultur.

Das „Gesetz zum Schutze des deutschen Blutes und der deutschen Ehre" und das „Reichsbürgergesetz"vom 15. September 1935 führten zur klaren Trennung zwischen Deutschen und Juden.

Das zweite Gebiet des Rassegesetzgebungswerkes richtete sich auf die Minderung und Ausscheidung des „ungesunden und kranken Blutes", um so zu der „Stärkung der Volkskraft beizutragen"!

Der Nationalsozialismus forderte: Nur gesunde Menschen dürfen sich heiraten, denn nur wer gesund an Körper, Seele und Geist ist, bekommt einen gesunden Nachwuchs!

Die Kinder kränklicher Eltern sind zumindest anfälliger und widerstandsunfähiger als die Kinder gesunder Eltern.

Als „besondere Gefahr für das Leben unseres Volkes" wurden ansteckende Krankheiten (Lungentuberkulose, u. a.), sowie die Erbkrankheiten „auf körperlichem, seelischem und geistigem Gebiet" angesehen. Man befürchtete eine Vererbung von den Eltern auf die Kinder, Enkel, Urenkel usw. und appellierte deswegen an die „menschliche, völkische Pflicht", um solche „lebensunwerte Leben" verhindern zu helfen.

Mit dem „Gesetz zur Verhütung erbkranken Nachwuchses" vom 26. April 1933 hat der nationalsozialistische Staat diese Maßnahme „zum Schutze der Volksgemeinschaft", eingeführt und die Unfruchtbarmachung Erbkranker angeordnet.

Sie wurde aufgrund ärztlicher Untersuchung angeordnet, aber oft nicht einmal von Fachärzten vorgenommen.

Auch wurden sozial schwache oder willkürlich ausgesuchte Personen zwangssterilisiert.

Literatur-Auszug: „Spaten und Ähre" = Rassegesetz von Adolf Hitler, Lehrbuch für Arbeitsmänner und Arbeitsmaiden, 1938.

1933 – 1938 baute Hitler, der auch „Führer" genannt wurde, durch geschickte Propaganda und Verfolgung aller politischen Gegner seine Macht immer weiter aus. Er verstand es, durch Verbesserung der wirtschaftlichen Situation des Volkes immer mehr Anhänger zu finden. Es gelang ihm, die große Arbeitslosigkeit abzubauen, so daß es den Menschen wieder besser ging als in den Jahren zuvor. Er legte großen Wert auf eine gewaltige Aufrüstung der Wehrmacht, die damals wohl einmalig in Europa war.

26. Juni 1935 erließ Adolf Hitler das Reichsarbeitsdienstgesetz, welches die deutsche Jugend verpflichtete, ihre Arbeitskraft für das allgemeine Wohl des Deutschen Reiches einzusetzen.
Der Reichsarbeitsdienst war kein Geschäft der freien Wirtschaft. Er war eine Erziehungseinrichtung des nationalsozialistischen Reiches, mit dem Ziel, die Arbeitsleistung der Jugend für die Volkswirtschaft zu nutzen.

Aufgaben der männlichen Jugend des Reichsarbeitsdienstes

Katastrophenschutz gehörte ebenso zu dieser Einrichtung wie Rodung, Urbarmachung von Moorland zwecks Vergrößerung landwirtschaftlicher Anbaugebiete, Anlage von neuen Wegen, Straßen, Autobahnen, Regelung der Wasserverhältnisse usw.
Auch das hessische Ried wurde ab Frühjahr 1933 mit der Trockenlegung zugewachsener Flußschlingen von Rhein und Neckar zu Ackerland umgewandelt. So war es möglich, drei neue Dörfer anzusiedeln. Außerdem haben danach 2000 kleinere Bauern, Kleingewerbetreibende und Arbeiter Zusatzland erhalten.

Aufgaben der weiblichen Jugend des Arbeitsdienstes

Sie wurden Arbeitsmaiden genannt und gingen in einer bestimmten Tracht: blaues Leinenkleid, weiße Socken, Kopftuch, Schürze.
Ihre Aufgaben: Den kinderreichen, hilfsbedürftigen Müttern, insbesondere den schwerbelasteten Bauersfrauen zu helfen, nach der Parole: „Arbeitsdienst der weiblichen Jugend ist Mütterdienst!"

1938 9. auf 10. November die „Kristallnacht". Jüdische Bürger wurden aus ihren Häusern geprügelt und zu Massenvernichtungslagern abtransportiert. Ihre Synagogen (jüdische Kirchen) wurden angezündet.

Jeden Morgen wurde im Lager die Fahne aufgezogen.

1939 Der Einmarsch in die Tschechoslowakei war nur Formsache. Deutsche Truppen besetzten dieses Land. Es wurde zu einem Protektorat Böhmen und Mähren bestimmt.
(Protektorat = Schirmherrschaft, Schutzherrschaft eines Staates über ein fremdes Gebiet oder das unter Schutzherrschaft stehende Gebiet.)

Am 1. September begann der Zweite Weltkrieg nach dem Überfall deutscher Truppen auf Polen. Nach 18 Tagen war Polen besiegt. Danach waren Frankreich und England die Hauptgegner Hitlers.

1941	Kriegserklärung an die Sowjetunion. Die USA wurde in den Krieg mit einbezogen.
1944	Am 20. Juli scheiterte ein Attentat auf Hitler.
1945	Am 8. Mai kapitulierte das Deutsche Reich, nachdem es vollständig zusammengebrochen war und fast alle deutschen Städte in Schutt und Asche lagen. Deutschland wurde von den Siegermächten USA, UdSSR, England und Frankreich besetzt und in vier Besatzungszonen aufgeteilt.
1948	Währungsreform – Einführung der DM.

Begriffe und Symbole

Hakenkreuz und Hitlergruß

Mit der Gründung des sogenannten Dritten Reiches im Jahre 1933 wurden ganz bestimmte neue Symbole sichtbar.

Die Hakenkreuzfahne = rote Fahne mit schwarzem Symbol in weißem Kreis. Das schwarze Symbol soll germanischen Ursprungs (Rune) sein. Der Hitlergruß: Mit erhobenem rechten Arm und ausgestreckter Hand, der Ruf „Heil Hitler" vor Respektpersonen. Im Alltag: Begrüßung bei jeglichen Begegnungen! Statt „Guten Tag", „Guten Abend", „Auf Wiedersehen" usw. der Gruß „Heil Hitler" ohne Handbewegung. Eine Unterlassung dieses Grußes oder gar ein Zurückkommen auf die früher übliche Begrüßungsform konnte sehr unangenehme Folgen haben. Es gab immer Menschen, die in ihrer überzeugten Strebsamkeit andere Menschen wegen „Unterlassung des Führergrußes" anzeigten. Außerdem mußte jede Familie mindestens ein Bild Adolf Hitlers in der Wohnung hängen haben. Sonst kam sie in Verdacht, Gegner des Regimes zu sein und war infolgedessen in Gefahr, als „Feind des Volkes" zumindest beobachtet zu werden. „Feinde des Volkes müssen ausgerottet werden", hieß es.

Nazi	=	Abkürzung für Nationalsozialist (Mitglied der NSDAP)
NSDAP	=	Nationalsozialistische Deutsche Arbeiterpartei
SA	=	Sturmabteilung – Kampforganisation der NSDAP
SS	=	Schutzstaffel – nationalsozialistische Organisation
Gestapo	=	Geheime Staatspolizei der Nazis. Maßgeblich beteiligt an der Verhaftung, Folterung und Ermordung zahlreicher Gegner des Naziregimes und an der Vernichtung von Juden, Zigeunern und Andersdenkenden.
KZ	=	Konzentrationslager
Propaganda	=	systematische Verbreitung politischer, weltanschaulicher oder ähnlicher Ideen und Meinungen mit dem Ziel, das allgemeine Bewußtsein in bestimmter Weise zu beeinflussen.
DJ	=	Deutsche Jugend: von 10 – 14 Jahren

HJ	=	Hitlerjugend: Buben von 14 – 18 Jahren
JM	=	Jungmädel: Mädchen von 10 – 14 Jahren
BDM	=	Bund Deutscher Mädchen: 14 – 18 Jahren
Arbeitslager, Arbeitsmaid, Arbeitsmann	=	Erläuterung siehe „Geschichtliche Daten, 1935“, im „Reicharbeitsdienstgesetz“, Seite 147
Volkssturm	=	Eine Organisation, welche gegen Ende des Zweiten Weltkrieges zur Unterstützung der Wehrmacht zwecks Heimatverteidigung geschaffen wurde. Jugendliche ab 16 Jahren, sowie ältere Männer, Rentner und leicht Behinderte wurden zu dieser Organisation gezwungen.
Kohlenklau	=	Propagandaplakat zum Zwecke der Einsparung von Heizmaterial
Tbc	=	Lungentuberkulose, eine ansteckende Infektionskrankheit, die chronisch ist und bis Mitte unseres Jahrhunderts weit verbreitet war. Im Volksmund auch „Bleichsucht“ und „Schwindsucht“ genannt.
Diphtherie	=	akute Infektionskrankheit, besonders Hals- und Rachen betreffend. Vor Entdeckung des Heilserums gab es viele Todesfälle, besonders bei Kindern (Erstickungsgefahr). Im Volksmund: Halsbräune.
Odenwälder Lieschen	=	Kleinbahn von Reinheim nach Reichelsheim (1887 – 1963)
Frocht	=	wörtlich Frucht. Der Ausdruck ist Odenwälder Mundart und bezieht sich nur auf reifes Getreide wie: Weizen, Gerste, Hafer, Roggen.
wäwwern	=	Odenwälder Mundart: unruhig umherwandern, weinen, zittern, beben, Angst haben.
Erdbeerhäuschen	=	Kleines Bretterhaus auf dem Acker zum Wetterschutz für Feldarbeiter, kleine Ackergeräte und geernte Früchte.

Warum Bucheckern gesammelt werden mußten

1946 – 1947. Um die schlechte Ernährungslage zu verbessern, gab der hessische Minister für Ernährung und Landwirtschaft bestimmte Richtlinien zur Pflichtablieferung von Bucheckern bekannt: Für 1 kg Bucheckern – 150 g Öl (Oktober 1946).

Die Bucheckernsammler bekamen nach der Abgabe ihrer Lese einen Berechtigungsschein, auf welchem die entsprechende Menge Öl eingetragen war. Oft war dann bei den Kleinhändlern kein Öl mehr zu bekommen. Der Berechtigungsschein war somit wertlos, die mühselige Arbeit umsonst gewesen. Außerdem gab es Streitigkeiten, weil es im Land Baden-Württemberg für 1 kg Bucheckern 225 g Öl gab.

Quellennachweis und Dokumentationen der Zeitgeschichte

„Darmstädter Echo“, unabhängige Tageszeitung Südhessens, 6100 Darmstadt:
Fotos auf den Seiten: 37, 66, 74, 86, 117 (oben)
Alle im Buch verwendeten Zeitungsberichte stammen aus der Zeit von 1945 - 1950 und sind original datiert.

„Stars and Stripes“, US-Force Newspaper, 6103 Griesheim:
Fotos auf den Seiten: 35, 38, 46, 48, 49, 50, 52, 54, 56, 58, 59, 60, 62, 64, 65, 67, 77, 89, 117 (unten)
Alle Fotos stammen aus dem Jahre 1945 und sind in verschiedenen deutschen Städten und Dörfern aufgenommen.

Dascher, Georg, 6101 Reichelsheim-Ober-Kainsbach:
Foto auf der Seite 21

Hieronymus, Ernst, 6101 Reichelsheim-Beerfurth:
Lebensmittelkarten des Kreises Erbach/Odw. sowie Auszüge aus einer Odenwälder Schulchronik

Wenchel, Karl, Messel:
Lebensmittelkarten des Kreises Dieburg

Privatbesitz aus Reichelsheim-Beerfurth:
Fotos auf den Seiten 21, 39, 94, 95, 97, 99

„Spaten und Ähre“, ein Handbuch für Arbeitsmänner und Arbeitsmaiden, 1938:
Herstellung bzw. Verlag nicht feststellbar
Fotos auf den Seiten 148 und 151

Pöschl, Erika, Ober-Ramstadt-Rohrbach:
Foto Seite 121: Fahrkarte des „Odenwälder Lieschens“, Foto Seite 148: Baumblüte – Seite 119: Geldschein „Rentenmark“ – Seite 100: Kohle-Illustration „Krebs“

Volksgut: Das Odenwälder Bettelgedicht, bearbeitet von Erika Pöschl

1938: Die Arbeitslager sahen überall gleich aus.

Im gleichen Verlag sind bisher erschienen:

„Poannekuche in de Sunn gebagge"

Geschichten und Gedichte „vun sällemols un heitzedaogs" in Odenwälder Mundart. Es handelt vom „Odenwälder Lieschen", der ehemaligen Kleinbahn des Gersprenztales, und von Menschen wie Du und ich.

132 Seiten, illustriert, DM 24,80. 3. Auflage 1989 – vergriffen
ISBN 3-925133-00-3

„Oigebutzeld"

Reizvolle Gedichte und Geschichten in Odenwälder Mundart. Es enthält derbe Sprüche mit knackigem Humor, zarte Gedichte und Geschichten.

96 Seiten, reich illustriert, DM 20,–. Ausgabe 1987
ISBN 3-925133-02-X

„Odenwälder Zauberschlüssel"

Brauchtum vom Odenwald, Bergstraße und Ried mit gleichzeitiger Entschlüsselung des Volksglaubens anhand von Beispielen wie: Hexen, Dämonen, Heilkräuter und Zauberei, Brauchtum in unserem Kirchen- sowie Vegetationsjahr und im Lebenskreis des Menschen.

176 Seiten, mit Fotos, DM 28,60. Ausgabe 1986
ISBN 3-925133-01-1 Nur noch begrenzt lieferbar

„Odenwälder Sagenschatz"

Besonders attraktive Aufmachung mit Goldprägung, enthält Sagen von Odenwald, Bergstraße und Ried mit gleichzeitiger Entschlüsselung der volksgläubigen Elemente. Wer dieses Buch gelesen hat, weiß nun, warum es „wäwwert", warum der Rodensteiner auch heute noch durch das Gersprenztal geistert, warum die Grenzsteine heilig sind, wie man Schätze hebt und noch vieles mehr. Es ist liebevoll illustriert mit Kohlezeichnungen, Fotos und Scherenschnitten.

176 Seiten, DM 30,–. Ausgabe 1989 und 2. Auflage 1990
ISBN 3-925133-03-8

„De Dischdelkrabb"

Ein Gedichtband mit Themen von der Geburt bis zum Tod. Lachen und Weinen, Zorn und Zärtlichkeit sind in der Odenwälder Mundart besonders treffsicher wiedergegeben. Kein Zweifel, der „Dischdelkrabb" ist ein Lebenssymbol und er ist ein besonders schöner Dornenvogel.

56 Seiten, DM 17,90. Ausgabe 1990. Reich illustriert.
ISBN 3-925133-04-6

Alle Bücher sind in gewohnt guter Aufmachung, Einband cellophaniert, Pappband und fadengeheftet.

Erhältlich in allen Buchhandlungen und im alleinigen Vertrieb beim Pöschl-Verlag, Im Gründchen 10, Telefon 06154-3739 und 3743.